Otto Neitzel

Beethovens Symphonien, nach ihrem Stimmungsgehalt erläutert

Verone

Otto Neitzel

Beethovens Symphonien, nach ihrem Stimmungsgehalt erläutert

1st Edition | ISBN: 978-9-92500-023-4

Place of Publication: Nikosia, Cyprus

Erscheinungsjahr: 2015

TP Verone Publishing House Ltd.

Untersuchung der Symphonien Beethovens.

Beethovens
SYMPHONIEN

nach ihrem Stimmungsgehalt erläutert

(mit zahlreichen Notenbeispielen)

von

OTTO NEITZEL

3. verbesserte Auflage

Vorwort zur zweiten Auflage.

Nicht ohne Widerstreben entschloß sich der Verfasser, dies Büchlein einer schon seit mehreren Jahren nötig gewordenen, von manchen Musikliebhabern immer wieder geforderten zweiten Auflage zu überantworten. Er, der Verfasser, ist sich sehr wohl bewußt, daß Deutungen, wie die hier gebotenen, den in Wahrheit musikalischen Leuten wider den Strich gehen; wenigstens aber wollte er das ausgezeichnete Buch Grove über Beethovens Symphonien (durch Max Hehemann vortrefflich verdeutscht), er wollte das prächtige Musterbuch über Beethoven von Paul Becker nicht gelesen haben, ohne seine Eindrücke bei der Durchsicht des Textes für die zweite Auflage zu verwerten. Hiervon kam er jedoch bald zurück, da sein Büchlein ein ganz anderes Ziel verfolgt, wie die genannten Werke, und da er es für durchaus wünschenswert hielt, daß der Leser sich den Genuß der unverkümmerten Lesung beider Werke nicht entgehen läßt.

Die in diesem Büchlein gegebenen Deutungen sind weiter nur für diejenigen bestimmt, die ihrer bedürfen, also für die Leser, die von Haus aus nicht grundmusikalisch beanlagt sind oder denen eine gründliche musikalische Erziehung zur Erlangung echter „Musikalität" versagt blieb, und die gern die Poesie zu Hilfe rufen, um die Rätsel der musikalischen Sphinx zu lösen.

Man wolle nicht vergessen, erstens, daß diese Deutungen durchaus unverbindlich gemeint sind, zweitens aber, daß sie auch den Bau der Symphonien an der Hand der Deutungen auf Schritt und Tritt zergliedern, daß sie also den Mindermusikalischen genau über die Form orientieren, über ein Element also, welches ein Hanslick für so ausschlaggebend ansah, daß er das bedenkliche Wort prägen konnte: Die Form der Musik sei auch ihr Inhalt.

Lissabon, 19. Juli 1912.

Otto Neitzel.

Über musikalische Form.

Jeder Komponist bedient sich zur Entwerfung seiner Tonstücke der Themen oder Motive. Darunter versteht man kurze Tonfolgen von ausgeprägter, charakteristischer Eigenart, wobei diejenige von kürzerer Ausdehnung nach üblichem Sprachgebrauch als Motiv, die von längerer als Thema bezeichnet wird. Der im ersten Satze der fünften Symphonie verarbeitete Bestandteil würde sonach ein Motiv heißen, während die erste und zweite Symphonie mit einem Thema beginnen. Das Charakteristische eines Motivs oder Themas besteht in rhythmischer und melodischer, weniger harmonischer Ursprünglichkeit und Mannigfaltigkeit, welche doch nicht so groß sein darf, um die Übersicht über das Ganze zu erschweren. Alle Themen (indem wir unter ihnen auch die Motive verstehen) in den Meisterwerken, besonders in den Symphonien Beethovens, besitzen außerdem die Eigentümlichkeit, daß sie ein klar begrenztes, wenn auch in Worten nur annähernd wiederzugebendes Stimmungsbild im Hörer erschließen. Die Verarbeitung des Themas geschieht durch Übertragung auf andere Tonstufen, durch Teilung, durch Nachahmung in anderen Stimmen, durch Hinzufügung eines anders gearteten Themas d. h. eines Kontrapunkts. Einem Thema können mehrere gleichartige folgen und sich mit ihm zu einer thematischen Gruppe vereinigen, oder ein Thema kann auch allein zu einer solchen verarbeitet und erweitert werden, um so eher, je kerniger und charakteristischer es ist.

Eine solchergestalt gewonnene Gruppe im Anfange eines Symphoniesatzes heißt die Hauptgruppe. An sie schließt sich vermittelst eines in der Regel nicht thematisch, sondern melismatisch (in Passagen) oder akkordisch gebauten Überganges die Nebengruppe an, welche zur Hauptgruppe eine Ergänzung, häufiger einen Gegensatz bildet. Die Nebengruppe befindet sich stets in einer der Haupttonart nahe verwandten Tonart; sie wird meist von einer kleinen Schlußgruppe zu Ende geführt, worauf das Ganze in der Regel wiederholt wird.

Beide Gruppen, selten eine von beiden, werden in der Durchführungsgruppe miteinander verwoben oder gegenübergestellt, wodurch diese Gruppe den Charakter eines Kampfes oder Ausgleichs annimmt. Aus ihr schält sich, bei Beethoven meist mit erstaunlicher Geschicklichkeit in der Vorbereitung, die Hauptgruppe wieder hervor, meist in harmonisch und kontrapunktisch erweiterter Gestalt. Ihr folgt wiederum die Neben-, sowie eine meist ausgedehnte Schlußgruppe, diesmal aber in der Haupttonart.

Dies ist die eigentliche Sonatenform, welche den Symphonien Haydns, Mozarts, Beethovens zugrunde liegt. Der Höhepunkt der künstlerischen Arbeit liegt in der Durchführung, der Erfindung in den Themen. In der Regel ist der erste bewegte, der zweite langsame und der vierte schnelle Satz in dieser Form gehalten, während den dritten das Menuett bildet. Ursprünglich der Tanzmusik gleicher Bezeichnung entlehnt, ist es durch Beethoven zu dem lebhaften, sprühenden und geistreichen Scherzo erweitert worden. Das Menuett oder Scherzo besteht aus einem Haupt- und einem Nebenteil oder Trio, welche beide sich zu ihrem Stimmungscharakter etwa verhalten, wie die beiden Gruppen der Sonatenform.

Beethoven hat mit zunehmender Meisterschaft in der Formbehandlung große Abwandlungen dieser Formen-Schemen eintreten lassen; so ist das Scherzo der IX. Sym-

phonie in der Sonatenform gearbeitet. Gelegentlich bedient
er sich für die langsamen oder Schlußsätze der Varia-
tionen-Form, in welcher ein längeres Thema in ver-
änderter Fassung mehrmals wiederkehrt. Die Notenbeispiele
im folgenden geben die Themen und Motive an. Die Ab-
kürzungen bedeuten H. G. Hauptgruppe, N. G. Nebengruppe,
S. G. Seitengruppe, Sch. G. Schlußgruppe, Var. Variation,
Str. Streichinstrumente, Hbl. Holzbläser, Vl. Violine, Br.
Bratsche, Vc. Violoncell, Kb. Kontrabaß, Fl. Flöte, Ob. Oboe,
Cl. Clarinette, Fag. Fagott, Hr. Horn, Tr. Trompete, Pk.
Pauke. Mit 2. H. G. und 2. N. G. wird die Wiederholung von
H. G. und N. G. bezeichnet. Selbstverständlich gelten die
Erläuterungen für H. G. und N. G. auch für die Wieder-
holung, mit der Erweiterung, daß ihr Sinn gemäß der Bei-
behaltung der Haupttonart eine Bekräftigung erfährt.

Beethovens Symphonien.

Es mag verwunderlich erscheinen, daß Beethoven
30 Jahre alt wurde, bevor er seine erste Symphonie schuf.
In der Tat reichen die Anfänge dieses Werks bis ins Jahr
1794, sechs Jahre vor seinem Erscheinen, zurück. Auch daß
der junge Meister, welcher vorher schon Töne von einer bis
dahin ungeahnten Leidenschaftlichkeit angeschlagen hatte,
in dieser Symphonie wieder so ganz die Bahnen seiner Vorgänger, namentlich Mozarts, beschritt, mag auf den ersten
Blick befremden. Er sah eben das Orchester mit anderen
Augen an, er wollte ihm eine weit eindringlichere Beredsamkeit verleihen als jene, und da ein so keim- und trieb-
fähiger Geist wie der seine für eine solche Aufgabe seine
Stunde noch nicht gekommen hielt, so stimmte er sowohl das,
was er auszudrücken hatte, wie auch die Ausdrucksmittel
selbst auf das Niveau seiner Vorgänger herab, um in aller
Muße und Besonnenheit seine Kräfte zu stählen.

Erste Symphonie in C-dur (Werk 21).

(Dem Freiherrn von Swieten gewidmet, vollendet 1800.)

> Da ihr noch die schöne Welt regieret,
> An der Freude leichtem Gängelband
> Selige Geschlechter noch geführet,
> Schöne Wesen aus dem Fabelland!
> Ach, da euer Wonnedienst noch glänzte,
> Wie ganz anders, anders war es da! . . . .
>
> Schiller.

Der Grundzug dieser Symphonie ist der **Frohsinn,** nicht die Fröhlichkeit nach überstandenem Leid, nicht die ungebundene Ausgelassenheit, sondern der harmlose, naive Frohsinn, der sich noch als die Triebfeder alles seelischen Lebens erkennt, den noch kein Mißmut und kein ernster Kummer trübt.

I. (Einleitung. Adagio molto.) Da liegt sie vor uns ausgebreitet, die schöne, lachende Welt im rosigen Schein der Morgensonne.

(H. G.) Allegro con brio.

Auch zeigt sich schon ein lustiger Geselle, der nicht an morgen und gestern denkt und sich selbst genügt in seiner engen Behaglichkeit:

(N. G.) Ihm tritt eine lieblich zarte Mädchengestalt entgegen:

Zuerst zwar will er sie voll Ungestüm mit sich raffen; da faßt es ihn wie Scheu und Ehrfurcht, das hat ihr unschuldsvoll bittender Blick vollbracht (im Baß wird N. G. I weitergesponnen, während oben als Kontrapunkt das Oboensolo erscheint):

(S. G.) Die Mahnung wäre nun kaum nötig gewesen, denn er ist ein guter, harmloser Bursch (H. G. I in Nachahmung),

auch wenn er einmal derb und kräftig zutappt, dennoch
dankt sie ihm seine Mäßigung in schlichter Zartheit:

(D. G.) Soll er sie verlassen, weiterstürmen? Nimmer-
mehr! doch um sie zu erringen, will er ihr zeigen, daß auch
er ihrer nicht unwert ist (Modulationen in zwei Gruppen mit
den beiden Teilen des Themas H. G. I a und b). Was er
nun weiß und kann, enthüllt er vor ihr in vielgestaltigem
Wechsel, bald in männlichem Selbstgefühl, bald mit zierlich
geschäftiger Zuvorkommenheit, bis beinahe so etwas wie
rauher Unmut aus der Vergeblichkeit so vieler Mühe hervor-
tönt:

Auch jetzt genügt ihr leises Lächeln, ihn dem Frohsinn
wiederzugeben, ihm zu sagen, daß sie gern ihm angehören
will (2. H. G.); und wie dehnt und weitet die Liebe zu ihr
sein ganzes Empfinden (vgl. die langhingezogenen Akkord-
folgen, als deren Gipfel ein neuer Freudenrhythmus

erscheint). (2. N. G.) Noch einmal bezaubert ihn ihre Anmut,
noch einmal muß sie ihn mit zartem Vorwurf bezähmen. Ihr
Dank (S. G.) erregt ihn diesmal zu schier unerschöpflicher
Freude.

II. (Andante cantabile con moto.) Während im ersten
Satz der weibliche Gefühlskreis nur spärlich ausgebeutet und
mehr als eine von innen gestaltende Kraft tätig war, kommt
er im zweiten ausschließlich zum Ausdruck. Es ist immer
die sinnende, in sich selbst zufriedene, ihres Reizes unbewußte
Mädchenhaftigkeit, die bald von beschaulichem Ernst:

bald von liebenswürdiger, Freundlichkeit gehoben scheint:

die auch der scherzenden Tändelei nicht abgeneigt ist:

und doch auch ihre kleinen Kümmernisse (D. G., in welcher
die ersten beiden Noten von N. G. I thematisch verwandt
werden) erlebt, ohne deswegen aus dem Gleichgewicht glück-
seliger Genügsamkeit gerissen zu werden.

III. (Menuetto. Allegro molto e vivace.) Dergleichen
Naturen, wie die in I und II geschilderten, sind nicht für
die Einsamkeit geschaffen, und so suchen sie gern den Kreis
fröhlich lachender, Menschen:

Menuetto.
Allegro molto e vivace.

mit denen sie plaudern, ja auch wohl eine Neckerei treiben
(wie an der Stelle, wo die beiden ersten Noten des Themas
in düsterer Vermummung und entlegensten Tonarten an-
klingen):

Im Trio sondern sich Männer und Frauen zu zierlichem
Reihentanz. Wie zwingen die anmutig wogenden Verschlingungen zarter Frauengestalten die Männer zu bewunderndem
Staunen (die Gegeneinanderstellung der klangsatten Holz-
bläserharmonien mit den beweglichen Geigenfiguren sind
hier von reizendster Wirkung):

IV. (Adagio. Allegro molto vivace.) Doch zurück zu
unserm Paare. Im Wirbel des Tanzes hat er der Jungfrau
Spur verloren, und doch hätte er ihr so viel zu sagen. Da
entdeckt er sie dicht neben sich, sie hatte sich verborgen,
um zu sehen, ob er sie auch vermisse. (Einleitung.) Er
ergreift ihre Hand und hält sie mit vielsagendem Drucke
(Anfangsfermate) umfaßt.

O sie merkt wohl, was der Druck seiner Hand bedeutet,
es ist ein Geständnis, es ist eine Frage. Soll sie antworten,
vor den vielen Menschen? Sie beginnt, stockt, beginnt von

neuem, bricht wieder ab und so mehrmals, bis sie alle Scheu
überwindet und (H. G.) ein fröhliches Lächeln ihm die Antwort gibt auf seine Frage.

Adagio.

H. G. I. *Allegro molto vivace.*

usw.

Tönt nicht aus den Klängen:

II.

sein beglücktes Jauchzen, und aus dem Übergangsthema:

usw.

seine mannhaft frohe Zuversicht, sein Stolz und sein Ver-
trauen auf die Erwählte? (N. G.) Doch auch ihre Emp-
findungen steigern sich von Augenblick zu Augenblick, die
sanfte Zuneigung wandelt sich in zärtliche Hingebung, das
Mädchen ist zur Braut geworden:

Fast zu stürmisch und verlangend reißt er sie an seine Brust, und muß dafür auch (D. G.) im losen Scherzspiel, im Suchen und Sichfinden (bei welchem der Tonleiterlauf des Themas H. G. I viel gute Dienste leistet) büßen, bis er sie wieder (mit dem Übergangsthema) an den Händen hält. Noch einmal das alte Spiel (2. H. G. und 2. N. G.), das, nach zwei kurzen Ruhepunkten (vgl. die beiden Fermaten), in endlosen Jubel austönt (von S. G. an):

Zweite Symphonie in D-dur (W. 36).

(Dem Fürsten Lichnowsky gewidmet, 1802 vollendet.)

> Vom Eise befreit sind Strom und Bäche
> Durch des Frühlings holden, belebenden Blick;
> Im Tale grünet Hoffnungsglück;
> Der alte Winter, in seiner Schwäche,
> Zog sich in rauhe Berge zurück.
>
> Goethe.

Die im Jahre 1803 zum erstenmal aufgeführte D-dur-Symphonie zeigt gegen die erste in fast allen Faktoren, aus welchen sich das Kunstwerk auferbaut, einen erheblichen Fortschritt. Zunächst sind die Motive samt und sonders kerniger und charakteristischer, sie sind reichlicher und gestaltungsfähiger, ihr Aufbau vollzieht sich fließender und natürlicher und trotzdem in eigenartigerer Weise. Hier zuerst begegnen wir der Nebeneinanderstellung scharfer Gegensätze, welche den Schöpfungen Beethovens von nun an Wucht und Größe verleihen. In der langen Einleitung des ersten, in der ausführlichen Schlußbildung des letzten Satzes geht er mit zielsicherer Gestaltungskraft weit über seine Vorbilder hinaus. Auch gewinnt er dem Orchester eine bis dahin unbekannte Mannigfaltigkeit und Glut der Klangfarben ab.

I. (Adagio molto.) Nicht der Frühling mit der bunten Pracht und dem betäubenden Duft seiner Blüten, nicht der Freund und Beschützer der Liebenden, nicht der Lenz, den die Dichter zu besingen pflegen, sondern der Zerstörer des

winterlichen Todes, der Erwecker der erstarrten Natur bildet
den musikalischen Vorwurf des ersten Satzes. Schon die Einleitung (Adagio molto) ist bei aller Lieblichkeit nicht von
Strenge frei, und wenn aus den aufwärtsfegenden Tonleiter-
läufen das Wehen rauher Frühlingswinde spricht, so erscheint in dem Motiv

das eherne Gesetz der Naturkraft ausgedrückt. Doch es
müßte nicht alles von Sehnsucht nach der Wiedergeburt
durch den Lenz durchdrungen sein, um auf diesen Ruf nicht
gern und vielfältig zu antworten (Allegro con brio H.G.).
Ruhig und geheimnisvoll beginnt die Keimkraft ihr wunder-
reiches Werk:

bald ergreift sie den ganzen Umkreis der Natur. Doch so
schnellen Kaufs läßt sich der Winter nicht verdrängen,
und aus:

scheints hervorzutönen wie ein Überwinden der starren hin-
dernden Frostdecke. Jetzt erst sind dem holden, lieblichen
Gast, den der Frühling mit sich führt, die Pfade geebnet,
und in mildschimmerndem Gewande, sanft lächelnd erscheint
der König Mai:

Was schon erwacht ist, jauchzt ihm zu und schart sich um
seinen Triumphwagen. Was ist das?

Sollte die Macht des Frühlings plötzlich versagen? Ein
Hauch, und auch hier schießen reiche Triebe empor; des
hartherzigen Winters Herrschaft ist zu Ende:

(D. G.) Und so sendet der König seine flinken, regen
Gesellen vor sich her: Licht und Wärme, die die Starrheit
lösen, Regen und Wind, welche den Samen in die Erde
betten und ihn durch die Fluren streuen (gegen H. G. I erscheint ein Kontrapunkt):

Tausend Keime beginnen sich zu regen (in vielfacher Verarbeitung eines Teils von H. G. I, des „Keim-Motivs").
Wieder erscheint König Mai, und jetzt teilt sich seine Schöpferkraft auch der belebten Welt der Käfer und Schmetterlinge mit (eine merkwürdig erfrischende Wirkung bringen die hier, zum erstenmal auftretenden Achteltriolen hervor):

Aber noch ist erst ein Teil der Natur erwacht, und das königliche Machtwort:

muß die letzten Spätlinge zur Blüte rufen. Geschäftig wie vorhin, nur in etwas kürzerer Form wiederholt sich der erste Vorgang (2. H. G., 2. N. G.), um alles, alles was zurückblieb, herbeizulocken und zu erwecken. (S. G.) Am Schluß tönt's aus den aufwärts drängenden Harmonien wie ein gewaltiges: „Werde!"

und in stolzem Selbstgefühl überschaut der König, was er gewirkt.

II. (Larghetto.) Haben wir bisher das geschäftige Früh-
lingsweben der Natur beobachtet, so gewahren wir im zweiten
Satz die Spiegelung dieses Naturvorganges in der menschlichen Brust: ein Frühlingsgesang ist es, der in den
innigen Klängen des ersten (liedförmig gebildeten) Themas
anhebt:

Aber indem der Mensch die Sprache der Natur zu verstehen
trachtet,

fühlt er ihr Drängen und Treiben und (im Mollthema mit
dem Seufzer E — F — E in der Oboe) gewahrt in sich ein
geheimes Sehnen,

das ihn in dämonische Fesseln zu schlingen droht, bis ihn ein
Blick auf des Lenzes Lieblichkeit:

erlöst und sein Drängen durch Sanftheit und Gelindigkeit
meistert, so daß er zaglos und mit innigem Behagen sich
der Lenzeswonne weiht:

(D. G.) Doch jenes Sehnen will nicht verstummen, fast
mit Schrecken gewahrt er die Spuren des Frühlings in seinem
Innern.

Indes ruft der erste Sang ihm seine Seligkeit mit mächtigem
Vollklange (mit dem triumphierenden Rhythmus) zu,
das Sehnen wird gelinder und (2. H. G.) verflüchtigt sich im
Geleite des in früherer Zartheit wiedertönenden Liedes zum
zierlichen Tongekräusel.

III. (Scherzo.) Und so drängt der Frühlingszauber die
Menschen nunmehr zum Tanze, zum ausgelassenen, von
prickelnder Lustigkeit erfüllten Reigen, in welchem sich
Paare und Gruppen in launigem Wechselspiel bald fliehen,
bald wiederfinden:

(Trio.) Da tritt ein junges Paar, Daphnis und Chloë, im Schäfergewande, hervor: ihr leichter Gang, ihr zierliches Sichneigen verrät eine vollendete Anmut:

Zwar fehlen auch hier nicht vorlaute Störenfriede, die an den beiden nichts Besonderes finden und sie durch täppische Ungeschlachtheit zu vertreiben suchen:

Doch sie schämen sich wohl selber ihres wüsten Treibens (decrescendo) und die Übrigen säumen nicht, ihnen ein energisches Halt! (A. im *ff*) zuzurufen.

IV. (Allegro molto.) Während der erste Satz den Anbruch des Frühlings bedeutet, schildert der letzte sein E n d e. Doch nicht erschöpft und matt, sondern im Vollgefühl seiner

Kraft geht er zugrunde, er stirbt nicht, er weicht nur zurück
vor des Sommers Übermacht und schlummert bis zur nächsten Wiederkehr. Im ersten Thema:

sehen wir nachträglich gleichsam die Triebkraft der im
Scherzo beobachteten Ausgelassenheit; eine überschäumende,
fast schnurrig sich gebahrende Lustigkeit kennzeichnet den
ersten Teil des Themas (a), während der zweite (b) leicht
und scherzend dahintändelt. „Noch führe ich das Zepter!"
so scheint es aus dem zweiten Thema (in welchem der Schritt
oben Cis—D dem Anfange des ersten Themas entspricht):

zu tönen, indes sich in dem zart und vielfach verschlungenen
dritten:

ein wohliges Behagen an der Machtfülle kundgibt. Noch weiter verflüchtigt sich nach kurzem kräftigen Übergang die zuerst angeschlagene Scherzstimmung in dem friedlich harm-losen, halb träumerischen ersten Thema der Nebengruppe:

welches (sich wie unwillkürlich nach Moll wendet und) eine entschieden elegische Färbung annimmt. Das Ende ist's, das seine stillen Vorboten sendet; doch daß die Schwermut bisher nur vorübergehend war, verrät uns sogleich das kühn aufsteigende:

und köstlich wirkt die Rückkehr zur Anfangsstimmung (ver-mittelst des auf- und abwärts hüpfenden Fagotts und der, leise darüber huschenden thematischen Sekunden in den Geigen). (D. G.) Doch die Zeichen des nahen Untergangs mehren sich (H. G. I erscheint sogleich in Moll); ihn zu be-kämpfen rüstet sich der Lenz (indem er zuerst die beiden Teile a und b von H. G. I entbietet, von denen a auf diese Weise einen unwirschen, murrenden Charakter annimmt.) Als Gipfel seines Widerstandes ist die Stelle anzusehen (oben erscheint wieder die thematische Sekunde):

(2. H. G.) Doch noch einmal gewinnt er die Oberhand (2. N. G.), noch einmal überläßt er sich der innigen Daseinswonne, noch einmal entringt er sich der hereinbrechenden Schwermut, und jetzt (S. G.), da er fühlt, daß er das Feld räumen muß, rafft er sich (mittels H. G. I a und H. G. III) zu einem Epilog auf, wie ihn erst Beethoven in dieser unerschöpflichen Beredsamkeit, in dieser unversieglichen Ausdruckslust und mit solcher thematischen Geschicklichkeit erfunden hat. Er will ja noch nicht scheiden, ist er doch jung und schön, und aus den starren Fermaten, aus den stillen Harmonien, die ihnen folgen, aus den wirbelnden Passagen, die sie ablösen, weht ein Hauch des tragischen Geschicks heraus, das die Götterlieblinge vor der Zeit aus dem Lande der Lebendigen ruft.

Dritte Symphonie (Eroica) in Es-dur (W. 55).

(Dem Fürsten Lobkowitz gewidmet.)

> . . . In edler, stolzer Männlichkeit,
> Mit aufgeschlossenem Sinn, mit Geistesfülle,
> Voll milden Ernsts, in tatenreicher Stille,
> Der reifste Sohn der Zeit, . . .
> Herr der Natur, die deine Fesseln liebet,
> Die deine Kraft in tausend Kämpfen übet . . .
>
> Schiller.

Im Jahre 1798 kam General Bernadotte als Abgesandter des Direktoriums der französischen Republik an den Wiener Hof. Da er den Zweck seiner Sendung erst nach monatelangem Verweilen ausrichten konnte, so füllte er die Zwischenzeit mit nichtamtlichen Zerstreuungen aus, deren hauptsächlichste die Musik war. In seinem Gefolge befand sich der vorzügliche Geigenvirtuos Rudolf Kreutzer, der nämliche, welchem Beethoven seine Sonate in A für Klavier und Violine gewidmet hat. Durch ihn wurde Beethoven mit Bernadotte bekannt, und dieser war es, der in dem Tonmeister den Plan zu einer musikalischen Verherrlichung des Konsuls Bonaparte anregte. Schon war die Symphonie, welche diese Aufgabe erfüllen sollte, im Jahre 1803 vollendet, schon lag eine saubere Abschrift der Partitur mit den bündigen Bezeichnungen „Buonaparte" an der Spitze, „Luigi van Beethoven" am unteren Rande des Titelblattes fertig auf Beethovens

Arbeitstisch, und schon sollte diese Abschrift durch die französische Gesandtschaft an den vielbewunderten Kriegs-herrn abgesandt werden: da ernannte sich der Konsul zum Kaiser, und mit Beethovens Verehrung für ihn war es auf immer dahin. Das Titelblatt ward zerrissen, die Absendung unterblieb und die Symphonie erhielt den Zusatz: per festeg-giare il sovvenire d'un grand' uomo (zur Verherrlichung des Andenkens an einen großen Mann).

Einen großen Mann und nicht einen Helden, wenigstens nicht einen Kriegshelden! Denn hätte Beethoven in Napoleon nicht ausschließlich den B e s c h i r m e r   d e r   M e n s c h e n -r e c h t e ehren wollen, der K r i e g s h e l d tat ja so unrecht nicht, als er sich die Kaiserkrone aufs Haupt setzte. Und ist nicht jeder große Mann ein Held? Ist Leben nicht Kämpfen und Leiden? Und wer sich zur Größe erhebt, muß er nicht m e h r kämpfen und leiden als die andern? Die Beschränkung des Charakterbildes, welches Beethoven in dieser Symphonie in Tönen dargestellt hat, auf den Kriegs-helden, ist kaum bis zur zweiten Seite der Partitur aufrecht zu erhalten; der große Mann, der über seine Umgebung emporragt, der anders und tiefer denkt und fühlt, als sie, — er ist es, dessen Gefühlsleben hier in Tönen dargestellt wird.

Nicht wie ihn irgendwann die Geschichte vorzeichnete, sondern wie Beethoven ihn sich dachte und ausmalte, so steht er hier vor uns, und insofern er aus des Tondichters ureigenster Phantasie entsprossen ist, darf Beethoven selbst als dieser große Mann, darf diese Symphonie nicht als eine Selbstverherrlichung, aber eine Selbstvertiefung des Künstlers, als ein Aufschwung zu Größe und Reinheit seines Geistes gelten. Er war es müde, seinen großen Vorgängern auf symphonischem Gebiete zu folgen, er unternahm es, lediglich seinem eigenen, männlich ausgereiften Antriebe zu folgen: in dieser Symphonie schlägt Beethoven zum erstenmal den „neuen Kurs" ein, welchen zeitlebens innezuhalten er, der Mann war.

* * *

I. (Allegro con brio.)

H G. I.　　　　　　　　　　I. Vl.

(H. S.) Eine heimlich keimende Schaffensfreude tritt still, fast zagend (I. Vl. oben) ins Dasein und gewinnt zusehends an Boden und Kraftgefühl. Nicht zu zerstören, sondern zu beglücken ist ihr Beruf,

II.　　Ob.　　　　Cl.　　　Fl.　　　Vl.

(N. G.) dem sie sich mit Behagen, beglückend und beglückt, hingibt.

N. G. I.

Doch nicht in weichlicher Ruhe, sondern in kühnem Taten-
drang betätigt sie sich:

Der Held hat sich zum erstenmal erprobt; er blickt zurück
auf den Weg, den er zurückgelegt:

und kann sich der schmerzlichen Wahrnehmung nicht ver-
schließen, daß jede Kraft nicht nur erhält, sondern auch
zerstört; Mitleid erfaßt ihn:

Doch nur das Schwache geht zugrunde, und wer das Höchste
erstrebt, darf seiner nicht achten; darum vorwärts mit un-
gestümem Ringen, mit kraftvollen, selbstbewußten Schritten
(*f*-Akkorde), kein kleinliches Zagen:

darf seinen Lauf hemmen. (D. G.) Nach wenigen Augen-
blicken der Unschlüssigkeit glaubt er einem lächelnden Be-
hagen folgen zu dürfen (H. G. II), als ihn der K a m p f zur
Arbeit ruft (H. G. I und N. G. II), schwer und peinvoll, von
Pausen kurzer Rast unterbrochen. Schon glaubt er den
Gegner überwunden zu haben, aufs neue winkt ihm Ruhe

(H. G. II), doch gerade aus ihr (mit dem Rhythmus dieses Themas) erwächst ihm ein heimlich drohender Feind:

und diesen, den unvermuteten, hinterlistigen zu bekämpfen, muß er seine letzte Kraft aufwenden (als Ausdruck peinlicher Mühe erscheint der erschütternde Mißklang A C E F). Auch diesmal hat er obgesiegt, doch sein Sieg stimmt ihn traurig, gedenkt er der Opfer, die derselbe verschlungen hat:

bis sich sein frohes, unversiegliches Kraftgefühl von neuem regt (H. G. I) und ihn nach einer zweiten, doch versöhnlicher ausklingenden kurzen Klage von allen Spuren des Kampfes und der Gefahr befreit (als letzter Rest erscheint die Dissonanz As B gegen H. G. I im Horn). (1. H. G.) Jetzt nach errungenem Sieg kostet er noch einmal die Freude wohlgemuten Wirkens (2. N. G.), noch einmal weiht er dem Unterlegenen, der durch ihn zugrunde gehen mußte, ein mitleidiges Gedenken: (S. G.) fest und kühn schreitet er die Stufen des Throns hinan, der dem Sieger bereitet steht (H. G. I in Es-, Des-, und C-dur), er empfindet die Wonne edlen Selbstgefühls (Kontrapunkt gegen H. G. I):

usw.

Da blickt er auf die durchmessene Bahn zurück, gibt sich, des Kampfes gedenkend, von neuem der Trauer preis (D. G. II), der er sich nur langsam, dann aber auch vollends und mit nicht mehr zu trübendem Frohgefühl entwindet (vgl. die Spielmotive gegen H. G. I, kurz vor dem Schluß tönt N. G. I an; die S. G. ist wieder außerordentlich breit angelegt; bewunderungswert ist im ganzen Satz die Menge und Prägnanz der Motive).

II. (Marcia fúnebre.) Alles Deuteln und Klügeln kann die Tatsache nicht umstoßen, daß Beethoven, welcher doch augenscheinlich durch eine poetische Vorstellung zur Abfassung dieser Symphonie gedrängt wurde, der Poesie zugunsten der musikalischen Überlieferung Gewalt angetan hat. Als zweiten Satz mußte er hergebrachtermaßen einen langsamen Teil schreiben, als welcher sich in einer „Helden"-Symphonie von selbst der T r a u e r m a r s c h darbot. Der Held aber, er mußte erst begraben werden, um im dritten und vierten Satze wieder aufzustehen. Man wird doch nicht in diesen beiden Sätzen etwas wie die Verherrlichung nach dem Tode erblicken wollen, während aus dem dritten der Frohsinn, aus dem vierten das lebendige Wirken deutlich genug spricht? Oder soll etwa angenommen werden, daß der abgeschiedene Held sich im dritten Satz in den Jagdgründen des nordischen Himmels ergeht? Und dieses „Adagio assai" sollte ein Gang über die Schlachtfelder sein?

H. G. I. *Adagio assai.*

So klagt kein Feldherr, kein Kamerad, kein Beobachter um Gefallene, so weint und stöhnt ein Volk um den geliebten, unersetzlichen Herrscher, — Beethoven, der König im Reich

der Töne, schrieb sich selbst die Trauermusik, wie sie voraus-
ahnende Zeitgenossen wieder empfanden, als er den Erden-
staub von den Füßen geschüttelt hatte, wie sie heute noch
von allen empfunden wird, die den Verlust eines ihnen
teuren Übermenschen beklagen. Man nehme also die Dinge,
wie sie sind: der Held, dessen fühlsames Erdenwallen wir
im ersten Satz verfolgten, hier wird er zur Ruhe bestattet,
während ein andrer, gleichgearteter im dritten Satz wieder
ins Leben zurückkehrt*).

Der zuerst von dumpfen Geigen intonierte Klagegesang
wird von der durchdringenderen Oboe wiederholt. Vorüber-
gehender Trost schimmert aus den Tönen:

Sonst waltet nur Trauer und Klage, doch gemessen und
würdig, wie sie zu einem Leichenzuge passen.

(Maggiore.) Beinahe unvermittelt tritt an die Stelle der
trüben Stimmung eine mit Ausnahme weniger heroischer
Akzente fast idyllische Wonne der Wehmut, welche natur-
gemäß an die Erinnerung der Verdienste des Verstorbenen,
seiner Güte, seiner Lauterkeit anknüpft:

*) Tschaikowsky hat eine ähnliche Verlegenheit in seinem a-moll-Trio
(Au souvenir d'un grand artiste) dadurch umgangen, daß er mit der Toten-
klage beginnt und schließt, während er inzwischen den Abgeschiedenen in
seinen verschiedenen Lebensäußerungen (in Variantenform) vorführt. Ähnlich
verfährt R. Strauß in Tod und Verklärung, wo er die Erinnerungsbilder des
schon dem Tode Verfallenen vorführt.

Ebenfalls nur mit knappem Übergange erscheint die erste Trauerweise wieder, sogleich abgelöst von einer der nämlichen Stimmung entflossenen, kontrapunktisch mannigfaltigen Themenbildung (deren Oberstimme die Umkehrung vom Anfang des H. G. II bildet):

Sie nahen alle, die Leidtragenden, und so verschiedener Art auch die Bande sind, die sie an den Dahingeschiedenen knüpften, in e i n e m Gefühl sind sie vereint, in dem des Schmerzes, und die Musik vollbringt hier ihre mächtigste Wirkung, wie sie keiner andern Kunst beschieden ist, indem sie die v e r s c h i e d e n s t e n Tongestalten zu einer e i n z i g e n Ausdrucksschattierung zusammenkettet, die endlich ihren Höhepunkt in der gewaltigen Wehklage erreicht:

Der Schmerzenserguß scheint erschöpft und zu einem schwachen Hauch (As in der I. Vl.) verflüchtigt, da öffnen sich knarrend die Friedhofstüren, und von neuem bricht die Klage, von dem dumpfen Rauschen alter Zypressen und Ulmen begleitet, hervor:

(S. G.) Noch ein Trostesstrahl

erhellt die trübe Stimmung, die sich dann, schwer und bleiern wie eine sternlose Nacht, herniedersenkt und jene erste Weise in abgebrochenes Schluchzen auflöst.

Die Form des Adagios lehnt sich an die Marschform an. Die H. G. ist in der dreiteiligen Liedform (H. G. I erster, H. G. II zweiter Teil) gebildet, das Maggiore, ebenfalls dreiteilig gebaut, entspricht dem Trio des Scherzos. Ihm folgt eine D. G., die im Gegensatz zu der etwas äußerlichen Gegenüberstellung der H. G. und des Maggiore von großartigem Aufbau und tiefpoetischer Empfindung ist und auf kunstreiche Weise zu 2. H. G. überleitet, an die sich S. G. schließt.

III. (Scherzo.) Tod und Leben, Sterben und Geborenwerden reichen sich die Hände, und aus der verstummten Klage dämmert rein und licht die Lebenslust empor:

die immer weiter vorwärts flutet; ein Held starb, ein andrer tritt kühnen Muts, funkelnden Blicks ins Dasein:

(Trio.) Doch nicht er allein will schaffen und genießen, und so ergeht sein Freuderuf:

an die Genossen, gleich ihm sich durchzuringen, sich zu
begeistern am eignen jugendlichen Kraftgefühl und an der
blühenden Welt, die sich ihnen erschließt.

IV. (Finale. Allegro molto.) Noch stärker tönt dieser
Ruf aus den Anfangstakten des letzten Satzes. Da eilen sie
herbei und harren auf des Helden Kunde; und was vertraut
er ihnen? Nicht überhebende Ichsucht, nicht machthabe-
rische Begehrlichkeit soll unser Handeln lenken, sondern
Ordnung und Besonnenheit (als deren Ausdruck das auch
in der Vorstudie zu diesem Satz, in den Klaviervariationen
W. 35 benutzte Thema gelten darf):

So sehr die Jugendkraft die Adern schwellt, nur der ist ein
Held, der sie zu zähmen weiß:

Sogleich beginnen die Genossen ihr Wirken (Variation I
und II, diese in Achteltriolen), indem sie den Wahlspruch
ihres Gebieters (das stets durchgehende Thema) zur Richt-
schnur nehmen; und als eine Belohnung ihres tugendlichen
Strebens wird ihnen die Schönheit offenbar (Kontrapunkt
der III. Var.):

Ob.

p

Hr.

Jetzt gilts, die gewonnene Geschicklichkeit zu erproben und zu bewähren (hierzu bedient sich Beethoven des fugierten, d. h. der auf Grund eines in den verschiedenen Stimmen eintretenden Themas auferbauten vielstimmigen Satzes). Und als die verschiedenen Tätigkeiten der einzelnen in fast verwirrender Buntheit ineinander greifen (in Engführungen des Themas und den immer mehr verkürzten thematischen Oktavenschritten), da leitet sie die Schönheit wieder zur lichten Ordnung zurück (H-moll, nach D-dur übergehend). Doch sie will nicht nur geschaut, sie will errungen sein, soll die Arbeit ganz gedeihen, und dieses Ringens Mühe drückt der Zwischensatz aus (das Hauptthema erscheint im Baß):

f

fz   fz   fz   fz

„Nicht also!" sagt die Schönheit, „leicht und sanft ist der Arbeit Joch, das ich euch auferlege." Und nun beginnt der Held mit seinen Genossen das alte Spiel, nur noch geschickter, und mannigfaltiger (fugierter Satz mit Umkehrung, Verkürzung, Engführung des Themas). Die Schönheit ist errungen; ein mildes Behagen (Poco Andante, das „Schönheitsmotiv" ein wenig verändert in sanften Holzbläsern und mit dem lieblichen Seitenthema):

Ob.

labt die Ruhenden, in denen wohl zartes, unbestimmtes Verlangen zu keimen beginnt:

Das darf nicht Platz greifen, und in das Locken der sanft
sich regenden Triebe, dem sich die Schönheit keusch ent-
wandte, schallt wieder jener erste Aufruf des Helden hinein.
Und alles schließt sich dicht um ihn und preist ihn mit be-
geistertem Jubelruf.

Vierte Symphonie in B-dur (W. 60).

(Dem Grafen Oppersdorf gewidmet, 1806 vollendet.)

Homo sum, humani nil a me alienum puto.
Terenz.

Der Held, den wir durch Kampf und Arbeit zum edlen Manne erstarken sahen, hält in behaglicher Einkehr Rast von den ausgestandenen Mühen. War sein Sinn dort nach außen gerichtet, hier versenkt er sich in die reiche Schatzkammer seiner Gefühle. Doch auch hier fällt in den Labetrank ein Wermutstropfen; das Gewitter, dessen Ausbruch wir in der V. Symphonie gewahren werden, kündigt sich hier im fernen Wetterleuchten an, das finstre, unerbittliche Schicksal wirft seine ersten Schatten voraus.

Diese Symphonie ist im Jahre 1806 ziemlich schnell vollendet und 1807 aufgeführt worden. Im Gegensatz zur dritten hat sie sich von Anfang an einer allgemein beifälligen Aufnahme zu erfreuen gehabt, die durch ihren vorwiegend heiteren Stimmungsgehalt, den charakteristischen Reiz der Motive und vor allem durch die übersichtliche Klarheit und durch die harmonische Rundung, welche die Symphonie bis in ihre kleinsten Gliederungen hinein auszeichnen, naheliegend genug erklärt wird.

I. (Einleitung.) Die Stimmung wird zunächst durch eine unheimlich dämmernde Bangigkeit, eine Art beängstigenden Halbtraums belastet (sofort als zweite Note erscheint zu dem langgehaltenen B der Bl. in den Hr. das Ges, die kleine Sext,

die wir noch oft in der Symphonie als „elegische Note" erkennen werden. Bei a werden die nämlichen kurz abge-
stoßenen Noten zur Charakterisierung des Zagens benutzt,
welche sogleich im Hauptmotiv als Sinnbild froher Laune
erscheinen):

(H. G.) Ein kräftiges Sichaufraffen genügt, den Nebel zu
verscheuchen und die Sonne unbefangener Heiterkeit hervor-
brechen zu lassen (H. G. I):

die immer heller aufleuchtet (in der Wiederholung), und die
nach murmelnder Zwischenfrage: („Wie konnte mich ein
böser Traum erschrecken!" — wieder das Ges):

noch ein drittes Mal (im Baß) erglänzt, von einem Triump
ruf (die ausgehaltenen Noten oben) begrüßt:

Nach allzu stürmischen Siegesschritten droht Erschöpfung
und jäher Absturz:

nach deren Bezwingung jene erste Heiterkeit, in gemütlichen
Humor verwandelt, wiedererscheint (N. G.),

der sich nach der Überwindung einer kurzen Trübsinns-
Anwandlung verinnerlicht und verschönt:

(Man bemerke die Familienähnlichkeit der beiden letzten
Motive; das zweite bildet einen zweistimmigen Kanon, d. h.
eine Vereinigung von zwei nämlichen, nur nacheinander ein-
setzenden Melodien. Wie schon aus dem mutwilligen Wechsel
in den Stärkegraden (*pp*, von *ff* unterbrochen) zu erkennen
ist, bleibt der H u m o r der Grundbildner der Stimmung, die
freilich auch hier wieder eine kleine Trübung erfährt (in dem
Des des Basses — wieder die kleine Sext in der Tonart der
N. G.). (D. G.) Freundlich gönnt der Humor wieder der
Heiterkeit das Wort, die sich in zierlichen Wendungen ge-
fällt, bis sie sich zu der geheimnisvollen Andeutung verkürzt:

Wer ist nicht überrascht, wenn sie aus so winzigem Anfange
wieder wohlgegliedert, aber in luftiger Zartheit (in der Flöte)
erscheint und nunmehr ihr innerstes Fühlen in einem innigen,
elegischen Gesange beichtet (Kontrapunkt oben):

Unaufhörlich übertönt dieser unwillkürliche Gefühlsausbruch die nach Betätigung drängende, ursprüngliche Heiterkeit. — Wohl gewinnt auch sie wiederum die Oberhand, und daß sie sich wiederum völlig durchzusetzen vermag, ergibt sich aus dem langatmigen Anlauf, den sie vor ihrem Wiedereintritt in der ersten Urgestalt (2. H. G.) nimmt; scheint sie doch fast entschlummert in ihrer rätselhaften heiter-ernsten Doppelnatur:

und wie sie nach und nach erwacht, die Augen öffnet (Übergang nach B-dur auf den Akkord F — B — D), wie sie immer lebhafter, sprühender emporschießt, bis sie dann in unbezwinglichem Reiz wieder vor uns steht: — das zu schildern, mußte wahrlich erst ein Beethoven erstehen, vor dem keiner eine solche wahrhaft dramatische Anspannung und Gipfelung der Musik erreicht hat.

II. (Adagio.) Der schon angedeutete Grundzug der im ersten Satz geschilderten Frohnatur kommt nach wiederholtem Weckruf (H. G. I a) in schöner Gesangsmelodie als Gefühlsinnigkeit zur Erscheinung:

Welch Ton und Klang könnte ihr Genüge tun! Wohl irrt sie
drängend und suchend umher, glaubt in froher Beweglichkeit
das Rechte zu treffen (das Weckmotiv scheint in II b zu
einem Wogemotiv verbreitert):

Im Grunde der Innigkeit schlummert noch etwas anderes:
die keusche selbstlose S c h w ä r m e r e i:

(eine der wundervollsten Wirkungen der Soloklarinette. Man bemerke den besänftigenden Eintritt der Triolenbewegung, sowie wiederum das elegische Ges).

(D. G.) Schwärmerei und Schwermut sind nahe verwandt; die höchste Lust hat Tränen, wie der herbste Schmerz. Und so kommt es, daß der erste Gesang (wieder nach vorangegangenem Weckmotiv) sich plötzlich in einen erschütternden Klageausbruch umwandelt:

Erst den getrockneten Tränen (in der leisen Überleitung) entquillt wieder jene erste Gesangsmelodie, von kosenden Arabesken umrankt.

III. (Allegro vivace.) Und wieder bricht sich die Frohnatur Bahn, indem sie sich am gefälligen Tonspiel ergötzt:

indem sie auch hier ihr Muttermal (die kleine Sext) nicht zu
verbergen vermag (gleich zu Anfang, und dann ausführlicher
und dauernder gegen den Schluß):

Mit welcher Ungezwungenheit schlüpft die Zweizeitigkeit des
Themas über die Dreiteilung des Grundzeitmaßes hinweg;
welch prickelnder Wechsel ergibt sich aus diesem rhythmischen Spiel! Ein ähnlicher Unterschied in der Gefühls-
schattierung wie in den beiden Gruppen des Adagios ist
zwischen dem Hauptsatze des Scherzos und dem Trio zu
beobachten, welches den Frohsinn, durch innige Empfindung abgeklärt und beruhigt, zeigt, ohne daß deswegen der
Charakter eines anmutigen Spiels (in dem durch die Bläser-
harmonie hindurchlugenden Geigenthema) verloren geht.

Und immer doch die Schwermut, wenn auch zum Gemurmel
zurückgedrängt (wieder, mit der Einmischung des Ges beginnend)!

IV. (Allegro ma non troppo.) Ein letztes Entrinnen vor
dem heimlich grollenden Geschick, welches zu bannen alle
Geister der heitern Laune entboten werden (H. G.)!

Wie sprudelt alles durcheinander, bis die Anmut allen die Pfade weist:

die von ihnen jubelnd beschritten werden.

(N. G.) Ist's nicht die lächelnde Sorglosigkeit, die alle Trübsal zu verjagen trachtet?

(Das Ungekünstelte dieses Themas gibt sich, abgesehen von seiner äußerst natürlichen Tonfolge, in der Verwendung der „naiven" Oboe und der an die Volksmusik erinnernden Klarinettenbegleitung kund.) — Die Sorglosigkeit, die vom Jubel der Genossen begrüßt wird (Wechsel zwischen Solo und Tutti), und die auch das fast orkanhaft anwachsende Drohen des Schicksals durch ihren unwiderstehlichen Reiz zu entwaffnen weiß?

Klingt's nicht wie Freude über ihren Sieg, wenn sie sagt:

(D. G.) Doch die Geister des Frohsinns stürmen weiter
und tollen durcheinander, bis sie fast kampfbereit gegenüberstehen; da nimmt sie leise und unvermerkt die Anmut
bei der Hand:

und wirklich, die Verwirrung schwindet, dafür haben sich
abgebrochene Klagelaute eingestellt:

und zu beängstigender Wucht erwächst wieder die Schwermut, der alle sich schon enthoben dünkten. (2. H. G.) Als
humorvoller Sorgenverscheucher erweist sich der trockene,
dürre Ton des Fagotts, der sich nunmehr zum Einberufer
der Scherzgeister macht. (2. N. G.) — — — Noch ein ge-
waltiger Aufschrei des niedergedrückten Frohsinns ertönt
(mit der Fermate in S. G. endigend); noch einmal erscheint
der erste Aufruf (H. G. I), milde, lieblich, stockend: ein
kurzes Rauschen, und die Lust erlischt.

Fünfte Symphonie in C-moll (W. 67).

(Dem Fürsten Lobkowitz und dem Grafen Rasumoffsky gewidmet, zuerst aufgeführt in Wien am 22. Dezember 1808.)

„Ich will dem Schicksal in den Rachen greifen."
Beethoven.

Durch alte Sagen zieht sich wie ein Leitmotiv der Glaube
an ein Verhängnis, welches den Lieblingen der Götter, den
durch Körper- oder Geisteskraft bevorzugten Sterblichen sich
an die Fersen heftet, und welches sie eines vorzeitigen tragischen Todes sterben läßt. Herkules ging an den Qualen zugrunde, die ihm berechnender Rachedurst und eifersüchtige
Besorgtheit bereiteten, Siegfried fiel durch den meuchlerischen
Speer des grimmen Hagen. Das uralte Verhängnis regte sich
wieder, als es den Siegfried im Reich der Töne des Sinns
beraubte, dessen er am meisten bedurfte. Und als Beethoven
eines Tags auf einem seiner gewohnten Spaziergänge beim
Aufmerken auf den Gesang der Vögel der Verminderung
seiner Hörkraft inne wurde, da wurde dieser Gesang vor
seinem Geistesohr zu einem markerschütternden Dröhnen, das
Verhängnis schmetterte ihn mit starrer Eisenfaust zu Boden:

Sechs Jahre waren inzwischen vergangen, ohne daß die
mindeste Hoffnung auf die Hebung seines Übels erkennbar
wurde: aber er hatte inzwischen das Mittel gefunden, dem
Übel einen Widerstand entgegenzusetzen, der einer Über-

windung gleichkam . . Die Welt, die ihm das Schicksal verschloß, baute er sich schöner und reicher in seiner künstlerischen Phantasie wieder empor, das Übel ward zum Gewinn, indem es ihn Töne finden ließ, die er sonst zuverlässig nicht gekannt hätte. Das Verhängnis selbst verlor seinen Stachel, indem dessen drohender Ernst durch künstlerische Darstellung gemildert, indem es zum Anlaß erhoben wurde, den Menschen zum Licht der sittlichen Freiheit zu führen. Diese sittliche Selbstbefreiung des Menschen aus den Fesseln des Verhängnisses bildet den gedanklichen Inhalt der fünften Symphonie.

Ihre hervorstechenden Merkmale bestehen in der elementaren Einfachheit ihrer Themen und der außerordentlichen Geschicklichkeit der thematischen Arbeit und Formbehandlung. Jenes „Schicksalsmotiv" zieht sich durch den ganzen ersten Satz, und dennoch ist an keiner Stelle eine Künstelei wahrnehmbar; im zweiten Satz bedient sich Beethoven einer ganz neuen Form (s. d.); auch die Abschattierung des Hauptteils des Scherzo bei der Wiederholung, dann die Überleitung zum letzten Satz sind vom reintechnischen Standpunkt bewundernswert. Und dennoch war ihm diese große Kunstfertigkeit einzig ein Mittel, seine Gefühlsstimmungen zum Ausdrucke zu bringen. Er hat dies in einer so großartigen Weise getan, daß die Symphonie schon bei ihrer ersten Aufführung den mächtigen Eindruck hervorrief, der ihr heute noch in unvermindertem, wohl eher gesteigertem Maße beschieden ist. Wenn das Ziel der heutigen Musik auf einen tiefen, sich unzweideutig aus der Musik ergebenden Stimmungsgehalt gerichtet ist, so darf Beethovens V. Symphonie als der Ausgangspunkt der modernen Musik gelten.

I. (Allegro con brio.) (H. G.) Zweimal ertönt der niederschmetternde Ruf des Schicksals (s. das obige Motiv), und zaghaft und ergeben beugt sich der leidende Mensch. Noch dornvoller läßt es sich von neuem vernehmen,

und die Pein, die es schafft, wird zum durchwühlenden Schmerz. Doch nicht das blinde, unverrückbare, sondern das mitleidsvolle Schicksal ist es, welches den Erdgeborenen erschütterte, und in seinem neuen Ausruf liegt auch der Weg zum Heil (N. G.):

N. G. I.

„Harre aus (a) und du wirst getröstet sein (b)!" und diese Trosteshoffnung erfüllt den Menschen mit überschwenglicher Sehnsucht (in welcher das Schicksalsmotiv dumpf-versöhnt im Baß erklingt):

II.

die sich weiter zu froher Zuversicht steigert:

III.

(S. G.) und das Schicksalsmotiv zur Siegesfanfare wandelt.

(D. G.) Doch das ist nur eine Hoffnung, die vor dem gegenwärtigen zwiefachen Schicksalsruf verrinnt:

D. G. I.

Ratlos irrt der Mensch umher, beklemmend wirkt auf ihn die Größe des Unheils, das ihm beschieden ist (vgl. die piano

subitos nach den Crescendos), unerschöpflich dringt seine
Klage empor; auch jene Entschlossenheit zum Ausharren
(N. G. Ia) scheint nunmehr zu trotziger Ergebung verdüstert:

II.

die das Unabwendbare trägt und stöhnend weiterschleppt
(Akkorde in halben Noten), dann ermattet (diminuendo),
sich ermannt (*ff*), wieder zusammenzubrechen scheint, bis
der unaufhörlich erklingende und wieder in die Anfangs-
wendung ausbrechende Schicksalsruf alle andern Empfin-
dungen, außer der des vollendeten Schmerzes, zurückdrängt
(2. H. G.). Mag auch die Klage noch so beredt sich den
Lippen des Geknechteten entringen:

keine Erlösung winkt, es sei denn, wie vorhin, die Entschlossenheit auszuharren. (2. N. G.) Und nachdem auch
jetzt die Hoffnung auf den Trost, den ihre Erreichung der-
einst gewähren wird, verflogen, (S. G.) nachdem auch das
ängstliche Flehen verklungen ist:

da erhebt der Mensch das Haupt in kühner Tatkraft zum
dräuenden Himmel empor:

„Es sei! ich nehme das Joch des Verhängnisses auf mich, schmerzgeknechtet, doch meiner Kraft vertrauend!"

II. (Andante con moto.) Aus diesem Entschluß quillt dem Leidbeladenen die Wonne der Ergebung empor, die nie innigere Töne gefunden hat als hier:

und der wie aus Himmelshöhen die immer wieder erklingende Trostesantwort beschieden wird:

An diesen Wonnegesang schließt sich das aufdämmernde Bild der einstigen Befreiung von aller Mühsal, das, kaum erschienen, sogleich in Siegestönen einherrauscht (zuerst in As-dur leise, dann *ff* in C-dur; die Grundharmonien entsprechen dem H. G. I des letzten Satzes):

Noch aber ist ja der Tag des Triumphes nicht angebrochen, und bangend wendet sich der Beladene wieder zum Ergebungstroste (mit Sechzehntelverzierung). Doch so süß ist die Aussicht auf den endlichen Sieg, daß dieser ein zweites Mal und rauschender erklingt. Ist es nicht wie eine Schicksalsmahnung, die sich diesmal der wieder auftretenden Bangigkeit beimischt (der Rhythmus in den Violoncellen 𝄽)? Und dreimal stimmt der Getröstete den Ergebungshymnus in zartbeweglicher Umschreibung an (32 tel-Passage zuerst in Br. und Vc., dann in Vl., endlich in Vc. und Cl.). Fast scheint er endgültigen Trost gefunden zu haben (vgl. das zarte Tonspiel zwischen Fl., Ob. und Cl.). Da bricht unvermittelt, blendend, schmetternd, die Freiheitsfanfare hervor, die ersehnte, doch schnell entschwindende, und nur zu schmerzlich erklingt jetzt das Ergebungslied (Fl., Cl., Fag. in Moll). Doch nicht unerreichbar soll die Freiheit bleiben, und ist sie auch noch in weiter Ferne, der Mensch will harren, sich ergeben (das „Ergebungs-Thema" in *ff* und durch Nachahmung erheblich verstärkt und vermannigfacht):

Befällt den Harrenden auch wieder ein vorübergehendes Zagen (Fag.), ein ungeduldiges Sehnen (Più moto): es ist die helle, klare Zuversicht auf den Sieg, die schließlich sein Antlitz verklärt.

III. (Allegro.) Der Schwergepeinigte hat im Schlafe Ruh gefunden. Aber auch bis hierher verfolgt ihn sein Geschick; bleiche, gespenstige Schatten erfüllen seine Phantasie:

Er erwacht und ermannt sich zu dem Trotz, den ihn das Schicksal selber gelehrt (man bemerke die rhythmische Ähnlichkeit dieses Motivs mit dem „Schicksalsruf" I. H. G. I):

II.

und kraft dessen er auch das peinvolle Nagen des Schmerzes auf sich nimmt:

III.

In dem Gegeneinander dieser beiden Kräfte scheint indes der Trotz schließlich zu erlahmen (wenn im Baß das Ungemach charakterisiert wird, so deutet die Oberstimme auf ängstliches Zurückweichen):

IV.

(C-dur-Satz an Stelle des Trios.) Doch ist das Ganze nicht ein Traum, ein Hexenspuk? „Hinweg mit euch, ihr Plagegeister, noch hab' ich Kraft, euch zu bezwingen, indem ich euch verlache, eurer mit überlegenem Mute spotte":

(Trio.)

Nein, es war Täuschung! das Lachen verstummt nach und nach, da taucht das Gespenst des Ungemachs wieder empor, düsterer, ängstigender als vorhin, und der Trotz, der ihm früher zu widerstehen wagte, sinkt zum mutlosen Stöhnen (vgl. die abgebrochenen Töne des hohen Fagotts) zusammen *). Da läßt sich ein tiefes Summen, wie von Osterglocken, wahrnehmen, in welchem leise dämmernd ein Pochen (Pk., rhythmisch dem „Schicksalsmotiv" ähnlich) vernehmlich wird;

die gespenstigen Schatten (H. G. I) ballen sich zu leichten, lichten Wölkchen, eine überirdische Helligkeit erschimmert immer deutlicher, die Sonne steigt empor, es ist die Sonne der Freiheit, welche alles Ungemach in Bande schlägt. (IV. Allegro):

(H. G.) Weit und weiter wölbt sich die Brust, um die ungewohnte, nicht zu erschöpfende Seligkeit zu fassen; wie schwelgt sie in innigem Behagen:

---

*) Beethoven wollte das Scherzo eigentlich „ersterbend" schließen lassen.

(N. G.) Jetzt begreift der Mensch, was er errungen, und sobald das Glück seines Sieges ihn nicht mehr zu überwältigen
droht, da fühlt er erst den heiteren Frieden, den er zurück-
gewonnen:

Fast will ihn das Entzücken übermannen: ein Blick auf das,
was er gelitten, lehrt ihn schnell Fassung und Maß (die
Sechszehntelläufe scheinen auf die gegenwärtige Sorglosigkeit zu deuten und sind somit als Ausläufer von N. G. I
anzusehen):

Schallt's nicht wie ein unterirdisches Grollen an sein Ohr?
Soll das Verhängnis auch hier die Herrschaft über ihn er-
ringen (s. die Wendung nach F-moll)? (D. G.) Schnell ist
das Grollen verstummt, und heiterer Friede umfängt ihn von
neuem (N. G. I) und lockt ihn mit lachenden Zukunftsbildern.
Doch auch hier ist nicht untätig träumerisches Ruhen das
Glück, auch hier heißt es: sein Glück erringen; und jenen
Friedensklängen entsteigt eine ernste, immer eindringlicher
gestaltete Mahnung, nicht zu erschlaffen in der seelischen
Läuterung, in der Selbsterhebung über die Macht des Ver-

hängnisses (die gewichtigen Noten des friedlich spielenden
Motivs N. G. Ia erhalten hier als Mahnungsmotiv eine un-
geahnte, durch Verlegung in die Posaunen feierlich und
erhaben wirkende Bedeutung, die ihren Höhepunkt in der
kontrapunktischen Verarbeitung der ersten beiden Noten
dieses Motivs erreicht:

D. G. I.

und, wie um zu zeigen, wie das Glück genossen werden soll,
verbindet sich das als Passage verflüssigte Motiv **N. G. I**
mit dem Mahnungsmotiv **N. G. Ia**, gleichsam: „sei stark im
Glück!").

II.

Der Ermahnte weiß nur zu gut, was er gelitten. Aber indem
das Leid in kurzer Rückerinnerung wieder in ihm emportaucht
(Tempo primo), da klingt auch schon (in der Oboe) eine selige
Ahnung endlicher Überwindung dieses Leids dazwischen, und
von neuem ertönt der Freiheitsgesang (2. H. G., 2. N. G.).
Ist es zu verwundern, daß er seiner Freudenharmonien kein
Ende finden kann (S. G.), daß ein wohliges Behagen (das
Motiv ist mit H. G. II verwandt):

S. G. I.

seine überströmende Beredsamkeit:

immer mehr entzündet, bis er endlich, in dem zweifach (in Nachahmung) ertönenden Triumphgesang den kraftvollsten Ausdruck seines Glücks gefunden hat!

Sechste Symphonie (Pastorale) in F-dur (W. 68).

(Dem Fürsten Lobkowitz und dem Grafen Rasumoffsky gewidmet, zum erstenmal aufgeführt in Wien am 22. Dezember 1808.)

> Nur die Natur ist redlich.
> Schiller.

Beethoven hatte den Seelenkampf, in welchem er des über ihn hereinbrechenden Geschicks Herr geworden war, ausgefochten; zeichnete er bisher vorwiegend seine eigene Geschichte in Tönen auf, so verewigte er von nun an die des ganzen menschlichen Geschlechts, dessen Lust und Schmerz, als deren Quellen er in der VI. Symphonie die N a t u r, in der VII. den T a n z, in der VIII. den H u m o r schildert, bis, in des Meisters erhabenstem Vermächtnis, der n e u n t e n, der Sänger zum Propheten wird, der das Evangelium der M e n s c h e n v e r b r ü d e r u n g predigt.

Die Natur konnte nicht leicht einen begeistertern und berufenern Lobredner finden, als Beethoven, dem sie alles ersetzen mußte, was er durch traurige Lebensumstände verlor. Daß er die Mittel seiner Kunst in einem so außerordentlichen Grade beherrschte, um ihr nach Erfordernis sogar ganz neue Gebiete zu erobern, wurde bereits bemerkt. Und dennoch ging er auch hier, wo ihn sein Stoff förmlich dazu einlud, sich als den Virtuosen einer äußerlichen Tonmalerei zu zeigen, nie von dem Pfade eines von tiefster Sinnmäßigkeit

durchdrungenen Schaffens ab: er schildert die Vorgänge
der Natur nicht nach ihrem Eindruck auf die Gehörnerven,
sondern nach der Stimmung, die sie in der Seele des
empfänglichen Menschen hervorbringen; nicht die Nachahmung des prasselnden Regens, des zuckenden Blitzes, sondern das Staunen und Bangen des Menschen gegenüber
diesen Erscheinungen springt aus seiner Musik hervor, und
selbst der Kuckucksruf und der Wachtelschlag bilden nichts
mehr als zierliche Ornamente in dem Gesamt-Tonbilde. Die
Symphonie entstand im Sommer 1808 in Heiligenstadt bei
Wien.

I. (Allegro ma non troppo. Erwachen heiterer Empfin-
dungen bei der Ankunft auf dem Lande.)

(H. G.) „Wie schön ist deine Blütenpracht, Natur!" so scheint
der (mit einer Fermate, dem musikalischen Ausrufungszeichen,
geschlossene) Ausruf zu lauten, mit welchem dieser Satz beginnt. Und überall dasselbe Blühen (nicht weniger als zehnmal, durch crescendo und decrescendo reizvoll gestaltet, kehrt
das „Blütemotiv" wieder):

Und in der Menschenbrust sollte so viel Herrlichkeit nicht
ein freudiges Echo wecken!

Horch! ist das der Specht, der kluge Hämmerer, der den
Takt schlägt zur Blütenharmonie? (N. G.) Hin zum Hain
lenkt der Wanderer die Schritte, von dessen ehrwürdigen
Baumkronen sich ein seliger Frieden zu ergießen scheint:

Dem Menschen, der diesen Frieden ganz in sich gesogen (in
sechsmaliger, immer bereicherter Wiederholung), entringt
sich d e r Jubelruf:

in den die ganze belebte Welt einstimmt (namentlich darf das
eingeklammerte Motiv C G — E C als Lockruf der Bewohner
des Waldes gedeutet werden):

(D. G.) Den Wandrer zieht es zum nahen Walde hin, dessen
Großartigkeit ihn mit heiligen Schauern erfüllt:

Und ob alles, was er sieht und hört, rauschend sich in sein entzücktes Lallen mischt, ob er vom Dickicht zur Lichtung, vom Hügel zum Waldbächlein irrt, es ist die E h r f u r c h t vor Gottes Wundern, die ihn überall ergreift. Dankerfüllt und nicht ohne wehmütige Rührung wendet er dem Walde wieder den Rücken:

Schöner und reicher liegt die Natur vor ihm im Glanz der Vormittagssonne ausgebreitet (2. H. G., 2. N. G.), und in sein zartentzücktes (den glänzenden Tönen der Klarinette zuerteiltes) Jubellied braust die Harmonie der blühenden Mutter Erde hinein (S. G.):

II. (Andante molto moto. Szene am Bach.) Nachmittag! (H. G.) Von Ulmen und Pappeln eingefaßt schlängelt sich ein klarer Bach durch das stille Tal. An seinem Rand auf weichem Mooslager liegt der Wanderer behaglich ausgestreckt, indem er des Bächleins traulich sanftes Plaudern mit Ausrufen lächelnden Entzückens (H. G. Ia) begleitet:

Von ferne lassen Nachtigallen ihre schwellenden Lieder hören. Seine Ausrufe drängen sich zu einem lind lieblichen Gesange zusammen:

II.

Er lauscht auf das Zirpen der Grillen, sieht den possierlichen Sprüngen der behenden Grashüpfer zu, und wie er so das Haupt erhebt und den Bach über, die bunten Kiesel gleiten sieht, (N. G.) da gewahrt er, der, munteren Fische vielverschlungenes Treiben:

N. G. I.

und mit gerührtem Mitgefühl entdeckt er, auch hier, den unerschöpflichen Wunderreichtum der Natur:

(D. G.) Sinnend stützt er sein Haupt. Da fängt gerade über, ihm eine Goldammer an zu singen:

Ob,

und die gelehrige Schar der gefiederten Sänger stehen ihr in Motiven, die sie dem Wandersmann abgelauscht (H. G. Ia), Rede und Antwort. Gleichzeitig spenden die Blumen und Kräuter der Wiese die würzigsten Düfte (H — G — D im letzten Beispiel) und stimmen den Ruhenden vollends zu träumender Beschaulichkeit (2. H. G., 2. N. G.). Immer, bunter, wird

das Gewirr der Eindrücke, die auf ihn einstürmen, und die
sich doch wieder zusammenfinden in der, Entzündung seines
fühlsamen Herzens zu seligem Entzücken.

III. (Allegro. Lustiges Zusammensein der Landleute.)
Zurück wendet er sich zu den Behausungen der Menschen.
Unter der, Dorflinde beginnt es sich zu regen. Eine Schar
rotwangiger, Mädchen eilt herbei:

die Musikanten setzen die Instrumente an:

jetzt strömen Tänzer und Tänzerinnen von allen Seiten her;
es ist eine regelrechte Dorfmusik, so kunstlos und hausbacken
(vgl. die Begleitung der Geigen, die sparsamen auf zwei Töne
beschränkten Bässe), sogar mit gelegentlichen Virtuosen-
Kunststückchen (Passagen der Klarinette) und scheinbaren
Irrtümern (Nachahmungen in Ob., Cl. und Hr.), ausgestattet,
wie sie den anspruchslosen Landleuten genügt und behagt:

Jetzt wird der kräftige Rhythmus des Zweitakts intoniert und
sogleich schleift die ganze Schar, in wildem Wirbel durcheinander,:

die Trompete gebietet dem regellosen Treiben Halt; der zierliche Wiegetanz wird wieder aufgenommen und von den ausgelassenen Tänzern immer mehr beschleunigt, (IV. Allegro. Gewitter. Sturm.) als ein ferner Donner der ganzen Freude ein jähes Ende bereitet:

Kaum vermögen die Tänzer zagend (Ia) ein Obdach zu erreichen, als auch schon das Ungewitter in ungeahnter Heftigkeit losbricht:

Grelle Blitze durchzucken das bläulich schwarze Gewölk:

Erschüttert und von bangender Bewunderung erfüllt, betrachten die Menschen den Kampf der Elemente:

IV.

welcher zwischen unheimlicher Stille, dröhnenden, von Blitzen begleiteten Donnerschlägen (das Motiv des „Zagens" Ia taucht bisweilen auf), spärlichem Getröpfel des Gewitterregens (abgestoßene Achtelpassagen) und dem furchtbaren Tosen der entfesselten Elemente wechselt.

V.

Mit dem letzten Zusammenprall der Naturkräfte ist auch ihre größte Gewalt gebrochen, das Grollen des Donners wird schwächer, das Gewitter zieht vorüber, der Friede kehrt zurück und im Schein der Abendsonne glitzern unzählige Perlen von den Halmen und Sträuchern hernieder, (V.*) Allegretto. Hirtengesang. Frohe und dankbare Gefühle nach dem Sturm) und aus der Ferne lassen Hirten ihren Reigen ertönen, nach dessen Tonfall auch die Menschen ihr Danklied zum Herrscher der Welt anstimmen, welcher straft und belohnt, welcher die Natur erschüttert, nicht ohne sie zu erquicken:

Allegretto.
H. G. I.

---

*) Dieser Satz ist in Rondoform gehalten.

allweise das Weltengetriebe lenkt:

und den Sterblichen die Fähigkeit verlieh, sich der Herrlichkeit der Gottesnatur mit heiterem Sinne zu erfreuen:

'Andachtsvoll sinken sie auf die Knie und preisen ihn in
frommem Gebete:

In immer neuen Zusammenklängen, neugestaltigen Aus-
drucksformen ertönt fort und fort das Lob des Allewigen.

Siebente Symphonie in A-dur (W. 92).

(Dem Grafen Moritz von Fries gewidmet*).)

Es ist des Wohllauts mächtige Gottheit,
Die zum geselligen Tanz ordnet den tobenden Sprung,
Die, der Nemesis gleich, aus des Rhythmus goldenem Zügel
Lenkt die brausende Lust und die verwilderte zähmt.

Schiller.

Schlummernd in der Rebenlaube ruht Terpsichore,
die Glieder aufgelöst in weicher Formenharmonie; nur bisweilen zuckt in ihren Adern der Pulsschlag regen Lebens
(vgl. die Forte-Schläge). Ein leiser Wind haucht über die
Saiten ihrer Leier, die in den Zweigen hängt (vgl. die Sechs-
zehntel-Tonleiter). Die Regel ist gefunden, die ihr Glieder-

---

*) Die ersten Skizzen der Symphonie reichen ins Jahr 1809, des zweiten
Satzes sogar ins Jahr 1806. Vollendet wurde sie am 13. Mai 1812 und am
8. und 12. Dezember 1813 aufgeführt, beidemale unter stürmisch begehrter
Wiederholung des zweiten Teiles.

spiel mit gefälliger Ordnung durchdringt, sie erhebt sich vom
Lager, geht zum nahen Bach, beugt sich, späht: eine
lächelnde, liebliche Gestalt erblickt sie in der Flut:

Sie weiß jetzt, wie schön sie ist und schreitet voll unschuldigen
Stolzes zum weiten Wiesenplan, denkt zurück an ihr Spiegel-
bild im Bach, um dessen Reiz in ihrer Erinnerung wieder zu
erneuern (Wiederholung des Motivs II), ruft in das angren-
zende Gebüsch hinein, aus dem es freundlich zurückschallt:

(Vivace. H. G.) Sie hebt den Fuß, sie dreht sich, schwebt,
indes ihr Finger den Saiten ihrer Leier eine rhythmisch
pulsierende Tanzweise entlockt:

Sie strömen herbei von fern und nah, die Nymphen des
Waldes und der Quelle, jetzt wiederholen sie in anmutigen
Reigen, was ihre Herrin sie gelehrt. Unliebsame Störung! sind's

Sterbliche, die verwegen den geweihten Grund betreten? Die
wohlbekannten Scharen der Satyrn und Silenen, mit Pan an
der Spitze, kommen aus ihren Schlupfwinkeln hervor, und
mischen sich jauchzend unter die Tanzenden (N. G.):

N. G. I.

die, über die zottigen Gesellen zwar ein wenig erschreckt:

II.

ihnen doch schnell Gastfreundschaft gewähren. Doch wohin
ist plötzlich das Führerpaar, Terpsichore und Pan, entschwunden?

III.

Bässe.   8b — — —

„Dort schwebt es frohlockend herauf!" und im frohen Tanze
dreht sich die ganze Menge.

(D. G.) Ermattet lagern sich die Nymphen auf dem
weichen Wiesengrund hinter Gebüschen, Terpsichore selbst
auf erhöhtem Blumenlager. Doch die mutwilligen Tänzer
können nicht zur Ruhe kommen, stiften, bald an dieser, bald
an jener Gruppe vorbeitanzend, Unordnung und füllen die
Luft mit lautem Gejohle. Da gebietet Terpsichore unmutsvoll
Maß und Ziemlichkeit:

Aus der Beherzigung ihrer Mahnung sprießen sogar anfangs ganz neue, ungewohnte Wendungen des Tanzes (dreitaktige Gruppen) empor:

bis die rauhen Gesellen, durch die zierlichen Gestalten verlockt, diese ungestüm zu haschen suchen und immer mehr in die Enge treiben:

Wie das Erschallen der Hilferufe auf der einen, der Akzente wilder Lust auf der andern sich schon zu tobendem Gewirre vermischt, (2. H. G.) da erhebt sich Terpsichore, und augenblicklich stellt sich die holde Regelmäßigkeit her. Sie zeigt ihnen von neuem, wie sie's meint (Oboensolo gleich nach der Fermate), doch ihr Antlitz verrät zarte Bekümmernis über das gar zu ungeschlachte Treiben der männlichen Eindringlinge, (N. G.) die jedoch durch freudige Zusicherung getreuen Gehorsams ihre Sorge schnell verscheuchen. Neues Verschwinden des Herrscherpaares, neuer Jubel bei ihrem Wiedererscheinen. (S. G.) Die Herrscherin gebietet plötzlich Einhalt; ein leiser fremder Ton entringt sich ihrer Leier, der nicht zur Weise zu passen scheint — einige Schritte, ein Versuch, und alle sehen, daß auch dieser Ton sich der Regel fügt und sogar ihren Tanz beflügelt, und während die Satyrn und Silenen sich nicht genug vergnügen können über den artigen Scherz Terpsichorens (elfmal wiederholtes Baßthema),

wallen die Wogen der Freude auch bei ihren schöneren Gefährtinnen immer höher, empor, bis alles in einen einzigen Jubelruf ausbricht.

II. (Allegretto.) Dort am Waldesrande, von Zypressen beschattet, erhebt sich ein Grabeshügel; ein Klagelaut dringt durch die Luft,

immer näher kommt der Leidtragenden Schar, immer ergreifender und schmerzlicher ertönt ihre Klage:
„Rinnet ihr Tränen, ihr schluchzenden, schwindenden

Klaget, klaget!
Echo unsrer Seufzer auf! ...
Schlagt euch in die Brust in wilden Takt zum Trauerreihn, ...
Weicht nicht dem Schmerz! In irren Wendungen hebt und senkt
Nun wildern Schlags Arm in Arm, Hand in Hand,
Hinauf, hinunter! Gleich Meeresrauschen dröhnt
Es dumpf mir um mein armes und geschlagnes Haupt!"
(Nicht weniger als vier verschiedene rhythmische und thema-
tische Bildungen werden zu dem höchsten Ausbruch der
Wehklage, bei der vierten variierten Wiederholung der ersten
Trauermusik verkettet):

Der Reigen verstummt, und in wehmütig lieblichem Gesange
preisen einzelne die Tugenden des Entschlafenen, seine
Seelengüte (ohne daß der Trauerrhythmus ♩ ♫ auch nur
einmal verstummt):

In jähem Wechsel bricht sich wieder die Wehklage Bahn,
wieder umschreiten die Trauernden den Hügel, indem sie
ihren Schmerz zu leisem Stöhnen abdämpfen:

Da treten die ¡Leidtragenden einzeln hervor, die erzgetriebenen Gefäße in der Hand:

und gießen den Weiheguß auf den Hügel aus. Nicht mehr vermögen sie ihren Schmerz zu bannen, ihre Klage ergreift alle Zeugen, und in gewaltigen Harmonien braust die Totenmusik zum Sitz der ewigen Götter empor. Noch einmal erklingt ein kurzer Trost in dem Erinnerungsgesang, und wie eine Mahnung an die Überlebenden ergeht zweimal der ermunternde Ruf:

Sie ordnen sich und verlassen still gefaßt den Hügel; noch aus der Ferne trägt der Wind den nämlichen Klagelaut herbei, mit dem die Feier anhub.

III. (Presto.) Es ist um die Zeit der Weinernte, und der Genuß des frisch gekelterten Mostes läßt die Pulse lebhafter schlagen und die Blicke feuriger glühen. Kaum geben die Instrumente einen zündenden Rhythmus an (Ia), als auch schon eine flinke Schar leicht beschwingter Paare im zierlichen Tanzschritt dahineilt (I b),

das Herz von überschäumender Lebenslust geschwellt.

Ein neues Aufspielen der Instrumente, und die Tanzenden
verteilen sich, es heben sich Gruppen spielender Knaben und
Mädchen, scherzender Jünglinge und Jungfrauen, ernster
Männer und Frauen von dem verwirrenden Gedränge ab,
dazwischen stiftet der derbe Rhythmus der Tanzweise gelegentlich Ordnung — eine bunte und feurig belebte, aber
stets ergötzliche und nie in wüstes Toben ausartende Szene.
Da bleibt die Weise plötzlich auf einem Ton (A) stehen, sie
erstarrt und mit ihr die Tanzenden (Assai meno presto), und
auf rosen- und efeugeschmücktem Wagen naht die schaum-
geborne Göttin der Schönheit, sich huldvoll nach allen
Seiten verneigend, die Frauen gewinnend, die Männer ent-
zündend, in jenen Bewunderung, in diesen Liebessehnsucht
weckend, von einem wunderseligen Sange begrüßt, der ein
immer größeres Wonnegefühl verkündet und sich schließlich
zu einem Bewunderungshymnus an die Göttin erhebt (der
eigentliche Gesang ist meist den Holzbläsern und Hörnern
zugeteilt, während die Geigen später im Verein mit dem
Horn, endlich im *ff* die Trompeten und Pauken die Note
erstarrter Bewunderung, das A, durch diesen ganzen Mittel-
satz weiterführen):

Sie zieht vorbei, der erste Tanz hebt von neuem an, sie
kommt zurück, verschwindet, erneuter Tanz, in den sich
zum Schluß ein leiser Nachhall an die liebliche Erscheinung
einmischt.

IV. (Allegro con brio.) Ein andres Fest wird begangen, rauschender, ausgelassener, als das letzte: der Most ist inzwischen zu jungem Wein gegoren, der das Blut erhitzt und die Leidenschaften entflammt. Bacchus selber rast mit seinem wilden übermütigen Gefolge daher:

Allegro con brio.

H. G. I.

wild schlagen die Genossen die Zimbeln aneinander, ist doch heute alles Leid, alle Sorge aufgelöst in ein mächtiges Jauchzen:

II.

Und so verteilen sie sich in Flur und Busch, laut erschallt ihr Evoë zu dem Lärmen ihrer Instrumente. Doch den Frauen, die gern auf Sittsamkeit und Anstand halten, scheint das Treiben zu wüst, und mit zartem Vorwurf begegnen sie den allzu übermütigen Gefährten:

N. G. I.

8b.   8b.

die sie mit kräftiger Hand in den Taumel zu locken suchen

II.

und sie, nach mehreren zart klagenden, aber vergeblichen Einwürfen gewaltsam mit sich fortreißen (man bemerke das Zusammenprallen des h mit his):

III.

(D. G.) Doch so leicht ist der Widerstand nicht gebrochen; und wohl gibt es Gegenreden und mancherlei Schmollen:

bevor der Zug sich wieder, harmonisch ineinander schließt und die Paare in wechselnden Verschlingungen durcheinander stürmen:

bei denen ähnlich wie im ersten Satz stets der, thematische Rhythmus durchgeführt wird. Und wie sich die tolle Lust erschöpft, sind's da nicht die Frauen selber, die (im Flötensolo) die orgiastische Anfangsweise anstimmen und

nunmehr ihrerseits die Männer zu wildem Rasen antreiben
(2. H. G.). Das Spiel ihres Widerstrebens erneut sich noch
einmal (2. N. G.), doch schon hat die Lust den Gipfel erreicht, und wenn auch alles noch durcheinander wirbelt, die
Schritte werden schwerer und schwerer (abwärtsschreitende
Bässe bis zu der zehnmal wiederholten „hartnäckigen" Tonfolge E — Dis — E — Dis), abgebrochene Pauken und Trompeten hämmern wie wilde Pulsschläge dazwischen . . . ein
letzter Freudentaumel, und zu Ende ist das Bacchanal.

Achte Symphonie in F-dur (W. 93).*)

(H. G.) „Fern bleibe uns Kummer und Sorge, die Sonne fröhlicher Laune erleuchte uns Herz und Sinne!" so ermuntert uns der Anfang in kräftigen Tönen, und zuerst leise, dann wieder stark erschallt eine frohe zustimmende Antwort. Eine lustige Kumpanei ist es, die sich schnell um den Humor als ihren Herrn und Meister zusammenschart und mit lärmendem Behagen sein Regiment verkündet:

*) In den Monaten Juli bis September 1812 vollendet, 1814 ohne Erfolg aufgeführt. Erst der neueren Zeit war eine verständnisvolle und allgemeine Würdigung vorbehalten.

Welche seltsamlich vermummte Gestalt schleicht dort einher?
Steh', Nachtgespenst, das unsere Freude zu stören wagt . . .
die Hülle fällt und (N. G.) läßt einen sorglos dreinschauen-
den Schalk in buntem Gewande erkennen, der sich mit Kratz-
fuß und devotem Lächeln vor dem Humor verneigt (zu be-
merken ist die linkische Bindung vom letzten aufs erste
Achtel und das erste Ertönen des Themas in dem fremden
D-dur):

und von allen laut bewillkommnet wird. Welch unheimliche
Wesen tauchen dort aus der Felsenspalte auf?

Kobolde sind's, und daß auch sie keine Spielverderber sind,
wenn sie auch zuweilen Schelmenstreiche vollführen, weiß
jedes Kind; der Humor, der so starken Zuwachs von allen
Seiten erhält, läßt die Trompete schmettern, auf deren rau-
schende Klänge ein sanftes Dankeswort seiner Untergebenen
Antwort gibt:

usw.

(D. G.) Der Zug geht weiter, wobei denn der Schalk, mit possierlich gespreizten Schritten:

samt vier edlen Pagen (Motiv H. G. Ia nacheinander in Fag., Cl., Ob., Fl.) den Aufklärungsdienst versieht, von Beifallssalven (*ff*) ermutigt; sie kommen nicht weit, um zu sehen, daß ihr Weg durch die Scharen des Mißmuts versperrt wird. Doch wer zur Fahne des Humors schwört, trägt das Herz auf dem rechten Fleck, und so beginnt ein mannhaft Streiten:

Der Kampf wird härter, aber die Kämpen des Humors werden durch Gewandtheit und Beweglichkeit vervielfacht (Nachahmung zuerst im Verlauf von zwei Takten:

dann von einem):

Noch ein letztes mühsames Fechten und, während der Schalk
tapfer Stand hält (Thema N. G. im Baß), wandelt sich die
Pein in Lust, und aus dem Gekreisch der Bedrückten wird
ein Siegesschrei der Frohlockenden, dem sich der neu er-
schallende (2. H. G.) Freudenruf des Humors beigesellt. Wie
atmen alle erleichtert auf, wie mancher Freudenakzent be-
reichert die Wiederholung des Anfangsschauspiels (2. N. G.).
Und wie der Humor wieder seine Getreuen nicht ohne ge-
heimen Stolz überblickt (N. G., Des-dur, H. G. I in Cl.), da
gewahrt er neben sich den S c h e r z (H. G. I b), den leichten
tändelnden Knaben, der sich sogleich vielgestaltig zerteilt:

und das doch nur, um wieder ganz in dem Vater Humor aufzugehen (H. G. I), welcher wohl die Seinen fragt, ob der
Kampf gegen den Mißmut ihnen nicht zu mühsam war
(Fermate); doch sanfte Dankesrufe (N. G. IIIc) überzeugen
ihn vom Gegenteil, und nach vielen launigen Wechselreden
lagert sich die Gesellschaft im weichen Grase, und der Humor
beschließt den wohlgelungenen ersten Auszug mit einem
leisen „Sela!" (H. G. Ia).

II. (Allegretto scherzando.) Jetzt macht sich der leicht-
füßige, neckische Scherz daran, den geehrten Anwesenden
die Zeit zu vertreiben. (H. G.) Silberne Glöckchen hängen
ihm am Gürtel, an den Schultern, an der Kappe, und wie er
sich dreht und wendet, fangen sie melodisch zu klingen an
und rufen gleichgesinnte Gefährten und Gefährtinnen herbei:

Allegretto scherzando.
H.G.   Vl.

und gerade, wenn ihr Spiel sich so leicht und leise ineinander-
fügt, daß alles voller Spannung zuschaut, und wenn sie eben
noch gleich Elfen über den Rasen hüpfen, da tappen sie
plötzlich recht ungeschlacht auf den Boden und jagen ihrem
Publikum einen jähen Schrecken ein, der sich freilich gleich
in Lachen auflöst. Das nennen sie: sich einen Jux machen,
und dieser Jux ist ihnen gerade die Hauptsache; das sieht
man auch dann, sobald sie ihren Tändeleien einen gemütlichen Anstrich zu geben suchen:

denn kaum haben sie uns überzeugt, daß sie harmlose, ur-
fidele Gesellen seien, da wirbeln sie sich plötzlich im Kreise,
daß uns Hören und Sehen verginge, wenn sie nicht im
nächsten Augenblicke schon wieder zierlich und wohlgesetzt
an uns vorüberhüpften:

(2. H. G., 2. N. G.) Wieder tönen die Glöckchen, der Scherz
treibt sein Spiel weiter; wie liebenswürdig er zu lächeln weiß!

Wer sollte wohl glauben, daß er doch das Necken nicht lassen kann. (S. G.) Und dennoch, nachdem er sich schon vorher in einigen schalkhaften Schreckakzenten gefallen,

läßt er, sacht beginnend, seine ganze Schar sich in immer tollerm Wirbel drehen, bis sie plötzlich wie angewurzelt am Boden steht.

III. (Tempo di Minuetto.) Die Rolle der launigen Unterhaltung wird nunmehr dem S c h a l k zuerteilt, der vor uns ein Bild aus der guten alten Zeit enthüllt. Die Alten riskieren ein Tänzchen, und da muß alles fein säuberlich hergehen und seine Ordnung haben. Zuerst geben die Musikanten den Takt an, dann bläst die Trompete, wozu die Pauke ihr Bum! bum! erschallen läßt (H. G. a, natürlich in Tonika und Dominante), und nun wird zierlich der Fuß angesetzt (H. G. b mit dem Auftakt A), und ein sehr ehrbares Neigen und Verbeugen mit verbindlichem Lächeln, ein wohlabgemessenes Schreiten beginnt.

Ja, wir Alten wußten ganz genau, wo wir zu gehen und zu
stehen hatten, wir tollen nicht so durcheinander, wie die
Jugend von heute; und wenn zum Schluß wieder die Trompete blies:

dann machten wir gegenseitig noch eine artige Verbeugung,
und zu Ende war der Tanz. (N. G. [Trio].) Dann ließen wir
uns nieder und erfreuten das Gemüt an einer schönen Musik,
in der die Klarinette mit den Waldhörnern abwechselnd Solo
blies, — glauben Sie nicht, daß es nicht auch zu unseren
Zeiten tüchtige Virtuosen gab, hören Sie doch nur, wie die
Klarinette in den höchsten Tönen jubiliert und das Cello
dazu die Begleitung schrumpelt, auch das Horn nicht müßig
bleibt —:

Nachher aber begann der Tanz von neuem, genau so würde-
voll, vornehm und wohlanständig wie vorhin, zu unser aller
biederem Ergötzen.

IV. (Allegro vivace.) Sprühend von heimlicher Lustigkeit, blitzschnell zu- und voneinander jagend, vereinigen sich
die großen und kleinen Geister des Humors zu ausgelassenem
Reihentanze, bald in überschäumender Laune im Wirbel sich
drehend:

bald nach Art pikanten Witzes zierlich hin und her hüpfend,

bis mutwillige Grobiane ein unharmonisches Cis dazwischen-brummen,

das doch als ein Ermunterungsruf auch zum Ganzen gehört, denn im Nu hat sich alles erhoben und weiht sich dem stürmisch behenden Spiel. Dieses schlägt nach der ersten Ungezügeltheit bald einen derberen Ton an:

und verflüchtigt sich gar zu einem heimlichen Rauschen, das die lieblichste tönende Gestalt begrüßt, die je aus Wolken-höhen herabstieg, ein lächelnd anmutiges Mädchen:

Der Zauber ihrer Erscheinung wirkt verschönend und ver-zärtelnd auf das tolle Spiel, das jetzt dem Gesetze sanfter Harmonie gehorcht, geschmeidig auf- und niederschwebt und selbst im rhythmischen Widerstreit (drei Zeiten gegen vier) gefällig und anziehend bleibt:

(D. G.) Doch noch pulsiert zu viel Übermut und Laune im Heerbann des Humors, als daß die Anmut lange zu Worte kommen könnte; und namentlich sind es die geistreichen Schlingpfade des Witzes, an denen sich die Lustigen ergötzen (H. G. I b). Da sieht man, wie das Ähnliche sich folgt, wie Entferntes gleichgemacht wird, wie scheinbar Unzugehöriges sich glatt dazwischenfügt, und als Wegzeichen in dem kaleidoskopischen Wechsel dienen schneidige Akzente, die zuerst alle zwei Takte,

dann alle Halbtakte,

endlich zu Vierteln verkürzt

überall eingreifen und die Ordnung aufrechterhalten. Natürlich will der Witz erst am Throne des Humors vorbei-
sausen, sonst wäre er ja nicht der alte Fopper und Tausend-
künstler (2. H. G., zuerst in A-dur); doch der Humor lehrt
ihn mit majestätisch possierlicher Gebärde (Oktavensprünge
E — E, dann F — F im Fagott) Respekt und Unterwerfung,
und das alte muntre Treiben, zunächst (durch liegende Noten)
etwas schwerfälliger, aber auch behaglicher gestaltet, erneuert
sich; es fehlt weder das unharmonische Cis, noch auch die
lächelnde Anmut, die Freundin des Humors, noch auch jenes
gefällige, rhythmisch wechselnde Auf- und Niederschweben
(S. G.). Noch einmal wenden sich einzelne Gruppen der frü-
heren Ausgelassenheit zu, doch ihnen versagt Laut und Gebärde. Es zieht heran wie eine Wolke, nicht des Mißmuts,
dessen Macht längst gebrochen ist, sondern des Mitgefühls,
der ernsten Quelle des liebenswürdigen, zartsinnigen Humors:

Dies Mitgefühl sieht auf den Grund der Dinge und erkennt
neben wenig Sonnenschein viel trübe Nacht. Zwar erleuchtet
der Humor noch immer mit lustigem Geflimmer das düstre
Gewölk; noch einmal ertönt die alte Weise, noch einmal das
störende Cis; doch statt das Signal zu ungebundener Heiterkeit zu geben, erdröhnt das Cis zum zweiten Male und schließlich gar in dreimaliger ununterbrochener Wiederholung, und
zwar nicht wie ein grober Scherzruf, sondern wie eine furcht-
bare Drohung; und jenes ausgelassene Treiben wird zum
schmerzlichen Zucken, das erst nach langem Suchen und
Mühen wieder den Ton der Freude wiederfindet und schnell
in das Reich der Anmut flüchtet, deren sanftes Schmeicheln
die Erregung beschwichtigt. Doch wenn auch noch einmal
Laune und Witz sich die Zügel schießen lassen, ihre Macht
ist erschöpft, die Herrschaft des Humors ist zu Ende.

Neunte Symphonie in D-moll (W. 125).

(Dem König Friedrich Wilhelm III. gewidmet, in Wien
am 7. Mai 1824 zuerst aufgeführt.)

Jahre waren seit der Vollendung des Dramas in Tönen,
welches den Namen der fünften Symphonie führt, verstrichen.
Die drei folgenden Symphonien bildeten Lichtpunkte in einer,
durch zunehmendes körperliches Leiden und die aus ihnen
entspringenden geistigen Entbehrungen, durch Enttäuschun-
gen aller Art immer mehr gesteigerten Trübsal. Doch mit
dem Anwachsen des Ungemachs, das über den Musenliebling
hereinbrach, hatte die Verfeinerung seiner Fühlsamkeit für
Leid und Lust, hatte die Steigerung seiner musikalischen
Ausdruckskraft und seiner Herrschaft über die Kunstmittel
gleichen Schritt gehalten. Dennoch blieben die ersten Ent-
würfe zur Symphonie, welche dem Jahr 1817 angehörten,
wieder längere Zeit unentwickelt liegen; der Komponist bedurfte, um seinem ganzen Schaffen den Schlußstein aufzu-
setzen und sein eigenes Schicksal zu dem der ganzen Menschheit verallgemeinern zu können, zuvor der Läuterung und
Erhebung durch die Religion, und erst nachdem er diese
Aufgabe durch die Vollendung seiner Missa solemnis vollbracht hatte, erst im Herbst 1822 fühlte er sich befähigt,
Hand an das musikalische Riesenbauwerk, das alle andern
Erzeugnisse der reinen Musik noch bis zum heutigen Tage
weit überragt, zu legen, erst dann fühlte er sich dem Wagnis,
das Evangelium der Erlösung der Menschheit durch die

Bruderliebe zu verkünden, gewachsen. Und wenn in andern Spätwerken großer Meister ein erlesenes Formgefühl an die Stelle sprudelnder Erfindungskraft zu treten pflegt: in Beethovens neunter Symphonie bewundern wir neben der vollen Reife in der Formbehandlung eine so blühende schöpferische Kraft, wie sie nur eine Gipfelung genialer Begabung zu betätigen vermag. Vielleicht war auch gerade dies lange Zurückstauen seines dem gewaltigen Erlösungshymnus zudrängenden schöpferischen Flusses, vielleicht war gerade die Sehnsucht, nach den Abschweifungen in die Gebiete heiterer Lebenslust wieder den Schmerz ganz zu ergründen, ein Mitanlaß zu einer so quellenden Erfindungsfrische. Das hindert nicht, daß Beethoven über Einzelheiten namentlich äußerer Natur, wie über die schickliche Einführung des Gesangs, lange gegrübelt und erst aus vielen vergeblichen Versuchen die rechte Lesart herausgefunden hat. Und wenn er den letzten Satz der Symphonie gegenüber Czerny gar als einen Mißgriff bezeichnete, wenn im letzten Satz das erste Aufblitzen des Worts nach den kühnsten und tiefsten Offenbarungen der reinen Instrumentalmusik von vielen als zu grell empfunden wird, so muß andrerseits doch gerade die Herbeirufung des Gesangs und seine jubelnde Betätigung in dem Freudenhymnus Schillers als die einzig denkbare Kuppel dieses tönenden Domes gelten. Und wenn sich diese Kuppel so unabsehbar in die Lüfte verliert, daß dem Beschauer der Maßstab zu ihrer Schätzung fehlt, wenn weiter nur sehr selten sich die günstigen Umstände zusammenfinden, um sie uns in ihrer ganzen Majestät zu enthüllen, so bleibt die ganze Symphonie doch die genialste Tat, die bis jetzt ein Musiker vollbracht hat, und angesichts deren jede Kritik vor einer gläubigen Bewunderung zurückzuweichen hat.

I. (Allegro ma non troppo, un poco maestoso.)

Aus dem Zustande der Leere (Quint A — E) scheucht den
Menschen ein leises, sich an Heftigkeit und Häufigkeit ver-
stärkendes Schmerzes-Zucken empor. Völlig zum Bewußtsein
erwacht, findet er sich in die Tiefen des Wehes abgestürzt
(IIa), unrettbar, trostlos (II b c als Bekräftigung):

Seiner Klage steht des Schicksalsbeschlusses starres Gebot
gegenüber:

das ihn (im abwärtsstürmenden Tonleiterlauf) vollends nieder-
beugt. Er kennt jetzt die Tragweite jenes wiederkehrenden
Zuckens und fragt: „Warum gerade mir das? Warum führte
mich dein Bannstrahl nicht zum Triumph, statt zur Erniedri-
gung?" (H. G. II in B-dur.) Müßige Frage, auf die es keine
Antwort gibt, als: leiden, abstumpfen den scharfgezähnten
Trotz (H. G. III), sich zerwühlen lassen vom nagenden
Schmerz:

(N. G.) Und dennoch, wenn alles getröstet werden soll, wird auch ihm ein Trost erstehen, ein linder, schmerzenheilender:

und so labt sich das gepeinigte Herz an dem sehnsuchtsvoll erwarteten, freundlichen Winken der Hoffnung:

die sich wie ein heilender Balsam auf seine Wunden ergießt und ihn zur Ergebung führt. Klingt's nicht wie eine Verheißung dereinstiger Tröstung, wie eine Mahnung zum Ausharren:

Der Seligkeit, mit der ihn das laue, heimliche Kosen der Hoffnung erfüllt, kann er sich nicht ohne zagende Rückblicke hingeben (vgl. die Seufzer und Wehrufe der Hbl.):

bis der mehr und mehr hervorbrechende Glanz glücklicherer Zukunft seine Lebenslust erstarken macht (vgl. die kühn ansteigenden Bässe),

ihn auf die neuen Lockungen des Hoffnungsglücks mit tatkräftig entschlossenem Zuruf erwidern lehrt:

und ihm ein Jauchzen froher Siegeszuversicht entlockt (der Schicksalsrhythmus [♩♪♪♩], vgl. H. G. III und N. G. III, ist hier im Sinne tatkräftigen Anreizes gedacht):

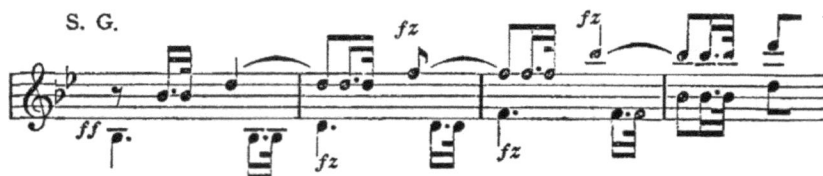

(D. G.) Je mehr er sich schon der Erlösung freute, um so mehr umdüstern ihn alsbald die Schatten seines Geschicks (man beobachte die Verdunkelung der trüben Stimmung durch die Ausweichung nach der Unterdominante G-moll, statt D-moll). Ermattet, entsagend sinkt er zu Boden (das pathetisch wuchtige Motiv H. G. II erscheint leise klagend in den Hbl.), und sein eben ausgestoßener Siegesruf verzerrt sich zum Verzweiflungsschrei (S. G. auf dem verminderten Akkord C — Es — Fis — A); das Auge, das noch eben hoff-

nungsfroh erglänzte, füllt sich mit Tränen, die Klage wird
zum leisen Stöhnen (diese „Episode" hängt thematisch mit
dem Motiv H. G. II b eng zusammen):

Aufs neue erstirbt auf seinen Lippen der bange Laut der Entsagung, aufs neue bricht sein Verzweiflungsschrei hervor,
matter wird sein Stöhnen (wieder ist die Verstärkung der
Stimmung durch die Unterdominante, C-moll, zu beobachten).
Da fühlt er seine Adern von einem Rest ungebeugter Lebens-
kraft geschwellt, ein trotzig finstrer Entschluß heißt ihn dem
Schicksale kampfgerüstet gegenüberstehen (dem Kontrapunkt
in Sechzehnteln liegt etwa die Veranschaulichung des Ringens — mit dem durch das Hauptthema im Baß verkörperten
Gegner — ob, während die synkopierten Akzente, die mit
zunehmender Erregung sich zu dem Rhythmus in Pk.
und Tr. verlebendigen, mit kriegerischen Kampfsignalen ver-
glichen werden dürfen):

Wohl glaubt er sich das Kampfesglück schon zugeneigt, als
das feindliche Ungemach jeden Vorsprung überholt (vgl. die
immer mehr vergrößerten Intervalle im Thema H. G. IIc)

und er kraftlos und gebrochen zurückweicht. Wie ein Wehen
jenes Hoffnungsglücks (vgl. die Holzbläser-Akkorde in Sechs-
zehnteln) kühlt vorübergehend ein sanfter Hauch seine Stirn;
ihm, dem Hoffnungslosen tönt auch aus dem Winken dieses
Glücks, das ihn einst beseligte, jetzt nur die Wehklage entgegen (N. G. II in A-moll), und wenn diese vorübergehend
auch wieder ein freundlicheres Antlitz zu zeigen scheint,
gleich einem kurzen Sonnenblick, so streckt das Ungemach
unmittelbar darauf seine Krallen heftiger als je nach ihm.
aus (2. H. G.): „Laß jede Hoffnung fahren!" (namentlich
auf die titanenhaft ungestüme Bewegung und das darauf
folgende Hängenbleiben der Bässe sei hier aufmerksam gemacht). Der Lichtblick (2. N. G.), der ihn einst entzückte,
dünkt ihm jetzt ein schnell vergängliches Trugbild, das bal-
samische Kosen wird zu dumpfen Schmerzeswehen, seine
Mannhaftigkeit zum Trotz der Verzweiflung. (S. G.) Wohin
er auch die Blicke lenken mag, kein leiser Hoffnungsschimmer,
läßt die Finsternis weichen (vgl. die Verästelung des Themas
H. G. II), — als aus weiter Ferne ein sanfter Zuspruch ertönt
(H. G. II b—c in Dur im Hornsolo); noch einen letzten Anlauf zum Kampf nimmt er (D. G. II), um endlich zu Boden
zu sinken. Sein Widerstand ist gebrochen, und um ihn weht,
vom leisen Hauch bis zur Windsbraut anschwellend, der
Grabeshauch der Entsagung (achtmal kehrt das dumpf
klagende Baßthema wieder; den Schluß des Satzes bildet
H. G. II b—c):

II. (Molto vivace.)

„Dem Taumel weih' ich mich, dem schmerzlichsten Genuß !" Mit diesen Worten Faust's charakterisiert Richard
Wagner in seinem Programm zur neunten Symphonie das
Scherzo zutreffend. Den Geknechteten, der im Kampf gegen
den übermächtigen Gegner unterlag, sucht prickelnde Lebens-
freude in ihre betäubenden Netze zu verstricken (die dröh-
nende Pauke gleicht dem Zauberstabe, dessen Berührung
die Pforten zum Reich des Vergnügens aufspringen läßt).
Aber das ist nicht überschüssige Jugendkraft, die sich in der
Lust austoben will; dem Erdenwaller, der zu den Altären des
Sinnenrausches flüchtet, hat der Schmerz das Antlitz ge-
furcht (H. G. I b), und es vollzieht sich zunächst weniger
ein Suchen, als ein Fliehen, ein hastiges Eilen von Ort zu
Ort, von Begier zu Begier, ehe er sich ganz dem Strudel
der ihn umkreisenden Eindrücke weiht (H. G. I b im *ff*). Da
winkt es ihm zart und sehnsuchtsvoll entgegen, ein berücken-
der Duft umnebelt seine Sinne:

derbe Sinnenlust jauchzt empor, wie sie wohl ein Horaz in
den Worten schilderte: Nunc est bibendum, nunc pede libero
pulsanda tellus! (Jetzt laßt uns trinken, jetzt mit beschwing-
tem Fuß die Erd' uns stampfen!):

und ob ihn auch ein kurzer Einwand seines männlich herben
Ernstes gemahnt (verlängerte Umbildung des Motivs N. G. II
mit der „vorwurfsvollen" Septime im Baß),

er wagt es, sich dem Dienst der Lust zu weihen.

(D. G.) Was so schnell gewonnen, was ihn nur mit
äußerem Prunke blendete, das zerrinnt vor seinem ernsten
Blick in Dunst und Nebel. Er stürmt weiter durch die Flucht
der Erscheinungen, an deren keiner sein Auge haften bleibt;
das Neue ist's, das ewig Wechselnde, was ihn anzieht, bis
er, auch des Wechsels überdrüssig, den Stachel unbefriedig-
ten Sehnens in der Brust, sinnend stehen bleibt (Fermate
auf H). Leise hämmert ein Lustverlangen in ihm weiter, doch

neben diesem steht die Nichtbefriedigung, die Unzulänglich-
keit (welche in den dreitaktigen Perioden und in der düsteren
Klangfarbe der Fagotte ausgedrückt zu sein scheint):

Da läßt die Pauke von neuem ihr, Sesam! erschallen:

sie stört ihn auf aus seinen finsteren Grübeleien und führt
ihn zum Wirbel wilder Lust zurück (2. H. G., 2. N. G.)... und
sobald diese zur bacchantischen Raserei ausartet (Presto a),
ist der Schauplatz blitzschnell verwandelt, und die reizenden
Gefilde des duftdurchwürzten, blumenlachenden Tempe-Tals
eröffnen sich seinem geblendeten Blick (Presto b):

Das stumpfe Schwarz seines Kleides hat einem leichten Schäfergewande Platz gemacht, und neben ihm steht ein reizstrahlen-
des Mädchen, das ihn mit zutraulichem Lächeln begrüßt;
sie tauschen zartsinnige Worte:

und ein seliges Behagen, wie er nie empfunden, quillt ihm aus dem Anblick, aus dem kindlich holden Geplauder des anmutigen Geschöpfes (Ob. solo, Posaunenakzente). (Wiederholung.) Auch dieser Zauber verschwindet, und die alte Jagd nach der wechselnden Lust des Augenblicks erneut sich, bis sie nach kurzem Auftauchen jener liebreizenden Erscheinung hastig abbricht.

III. (Adagio molto e cantabile.)

„. . . So ist es die allmächt'ge Liebe,
Die alles bildet, alles hegt."

Von den Gaukeleien der Sinnenlust wendet sich der Ent-
täuschte ab, um im Heiligtum der Liebe eine Zuflucht zu
suchen, der wahren, innigen Liebe zweier Wesen, welche für-
einander vorher bestimmt, sich zugehören wie zwei Hälften,
welche entweder sich findend die seligste Befriedigung er-
langen oder, sich suchend, von unbekannter Sehnsucht verzehrt werden, — der Liebe, welche jedes glühende Verlangen
in Ehrfurcht und Hingebung auflöst. Und ob jener erste
Liebesgesang mehr den männlichen Ernst und Halt einer
verklärten, alles Leid lindernden Wonne an sich trägt, ob
aus dem zweiten Tongebilde (N. G.):

mehr das fürsorglich zärtliche Bemühen des liebebeglückten
Weibes spricht: beide sind Äußerungen des nämlichen Ge-
fühls unendlicher Beseligung. Die Wiederholung (H. G.
Tempo primo) läßt den innigen Ernst des Beginns durch
verzierende Umschreibung mitteilsamer und zärtlicher erscheinen:

die Erwiderung (N. G.) klingt (durch die Transposition nach
G-dur und durch die den Hbl. zuerteilte Melodieführung)
feierlicher und erhabener. Im gleichen Sinne steigert sich
der Ausdruck in der folgenden Wiederholung des Anfangs
(Adagio), die wie ein frommes, andächtiges Dankgebet klingt
(nur von Hbl. und Hr. vorgetragen, während die Str. sich

auf rhythmische Belebung oder, harmonische Füllung be-
schränken). Vom Aufblick zum Schöpfer, aller, Dinge und
jeglichen Empfindens wenden sich die Liebenden zu neuen
Kundgebungen ihrer, Seligkeit, doch nicht mehr, in unter-
schiedenen Tonsätzen: die weibliche Zärtlichkeit ist ganz in
dem mannhaften Ernst aufgegangen und wirkt hier als ein
regsames, verschönendes und veranmutigendes Prinzip (H. G.):

Längst ist ihnen Zeit und Raum entschwunden, nicht mehr,
empfinden sie den Zwang der Erdenbande, sie schweben
durch den klaren Himmelsraum; da rauscht um sie der Odem
der, urerschaffnen Gottheit, und zweimal trifft sie blendend
ein Strahl vom Throne des Höchsten:

Ihr Herz ist von heiligen Schauern erfüllt: zuviel der Wonne,
nicht zu fassen von Erdgebornen (man achte auf den erhaben
wirkenden Eintritt des Des-dur, nach der, zweiten Fanfare
St. G.). Sie wenden ihre Blicke zur, Erde zurück, schließen
sich fester an sich und vergehen in dem Kusse unvergänglicher Liebe . . . unvergänglicher? welch Seufzer, drängt sich
in diese höchste Seligkeit:

„Nein, kein Ende! kein Ende!"

IV. Und dennoch ein Ende! Das unerbittliche Geschick
hat dem Verfolgten auch diesen Trost geraubt, und herbe
und furchtbar erklingt dessen zweimaliger Weheschrei:

In pathetischem Selbstgespräch zergliedert er die Ursachen
seiner Bekümmernis (Rezitative der Bässe); soll er noch einmal den Kampf mit dem Geschick aufnehmen, dem unbesieg-
lichen (Anklang des I. Satzes), sich von neuem den Lockungen
äußerer Lust überlassen (des II.)? Und die Wonne hoher
Liebe, ist sie ihm nicht auf immer entschwunden (des III.)?
Weicher und wehmütiger wird seine Klage bei der Erinnerung an sein Glück, und als er sich noch einmal trotzig gegen
das Geschick aufbäumt, da trifft sein Ohr ein einfach zu
Herzen gehendes Lied, das der Wind aus der Ferne zu ihm
trägt, und augenblicklich fühlt er allen Kummer weichen:

Was ist es doch, was ihn an diesem Liede so ergreift, daß
es ihn von aller Pein erlöst? Es ist nicht allein dessen herz-

rührende Einfachheit und Innigkeit, es ist das Gefühl der
Menschenliebe, das in dem Liede pulsiert und das ihn nicht
mehr einsam auf sein eigenes Leid begrenzt, sondern ihn
mahnt: aufzugehen, sich vertrauend hinzugeben an den einzigen großen Bund aller, Guten. Immer näher ziehen die
Klänge des Liedes, und immer vielstimmiger und mächtiger
ertönen Gegenstrophen und Grundharmonien. Jetzt nahen
die Scharen des Bundes, und siehe! sie haben sein Leid
gekannt und suchen ihn auf, um ihm Linderung zu bringen;
zarte Fürsorge wollen sie ihm weihen:

da ergreift ihn ein plötzlich aufsteigender Mißmut, und alles,
was er erlitten, drängt sich zusammen in einen Angstruf,
so schrill und verzweiflungsvoll ihn nur je die Musik erklingen
ließ (Wiederholung des Anfangs mit verschärfter Dissonanz;
dieser ungeheuerliche Akkord vereinigt die sämtlichen Töne
der harmonischen D-moll-Tonleiter in sich):

Das Leid, das er gekostet, das Sehnen, das ihn verzehrt, die
Liebe, die ihm schwand, in Tönen hat er alles das empfunden, in unaussprechlichen, unergründlichen, unfaßbaren
Tönen, welche der klaren Begrenzung in Begriffe spotteten,
weil sie nur Abglanz von Seelenstimmungen waren, die sie
mit quälerischer Ausführlichkeit ins Unendliche dehnten und
zerkleinerten. Und jetzt, wo die Stunde der Erlösung dämmert, noch einmal zurücksinken in das ewig wechselnde Ge-
woge des uferlosen Ozeans der Töne, noch einmal die Pein
der Selbstzermarterung erdulden — — „Nein, Freunde,
nicht diese Töne!" Nur eines ist, was diese Erlösung be-
wirken kann, was dem Bunde der Freude festen, unumstöß-
lichen Halt verleihen kann: der Begriff, das Wort!
(Allegro assai.) Nun stimmt er selbst das Lied der Freude an,
und rauschend ergießen sich nach seinem Gesange die lang
zurückgehaltenen Fluten des Chorliedes.

Wozu bedarf es noch der Erläuterung, wo die Worte
Schillers die Absichten der Musik aufs genaueste verdeut-
lichen, wo die Musik den Sinn der Worte vertieft und verschönt wiedergibt. Funkelt in dem Marsch:

Alla Marcia.
Allegro assai vivace.

nicht das Frohlocken der Siegeszuversicht, mit der die Heer-
scharen der Freude ihre Botschaft durch alle Lande tragen?
schildert die sich an diesen Gesang anschließende Instru-
mentalfuge:

nicht in anschaulicher Deutlichkeit die wechselnden, in einen Triumphhymnus ausmündenden Phasen der kühnen Niederwerfung aller Hindernisse? Wer fühlt sich nicht von andächtigem Schauer ergriffen, wenn die Verkünder des neuen Bundes den ersten Zoll ihrer Bruderliebe dem Höchsten in innigem Dankgebete darbringen?

wenn sie, seine Nähe ahnend, auf die Knie sinken?

Und wie sich der Freudenhymnus dann mit dem Choral verbindet und wie von Tonsatz zu Tonsatz, bald im leisen Schauer der Ehrfurcht, bald im Jauchzen des überströmenden Entzückens, im Einzelgesang, im gewaltigen Chor, der Sang der Freude immer rauschender und fesselloser anschwillt, wie ein begeisterungsvoller Tonsatz den andern drängt und übertürmt, da möchte man an Stufen denken, die hinanführen zu der verklärten Höhe des alltröstenden, allheilenden Ideals.